基于学生全面发展的校园体育拓展训练研究

刘伟 著

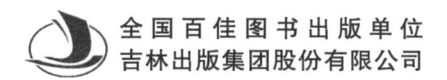

全国百佳图书出版单位
吉林出版集团股份有限公司

图书在版编目（CIP）数据

基于学生全面发展的校园体育拓展训练研究 / 刘伟著 . -- 长春：吉林出版集团股份有限公司, 2021.3
　　ISBN 978-7-5581-9868-7

Ⅰ . ①基⋯ Ⅱ . ①刘⋯ Ⅲ . ①体育课 – 教学研究 – 中学 Ⅳ . ① G633.962

中国版本图书馆 CIP 数据核字 (2021) 第 052990 号

基于学生全面发展的校园体育拓展训练研究

作　　者 / 刘伟著
出 版 人 / 吴文阁
责任编辑 / 朱子玉　杨　帆
责任校对 / 张洪亮
封面设计 / 优盛文化
开　　本 / 710mm×1000mm　1/16
字　　数 /200 千字
印　　张 /11.5
版　　次 /2021 年 3 月第 1 版
印　　次 /2021 年 3 月第 1 次印刷

出　　版 / 吉林出版集团股份有限公司（长春市人民大街4646号）
发　　行 / 吉林音像出版社有限责任公司
地　　址 / 吉林省长春市净月区福祉大路 5788 号出版大厦 A 座 13 层
电　　话 / 0431-81629660
印　　刷 / 定州启航印刷有限公司

ISBN 978-7-5581-9868-7　　　定价 /59.00 元

前 言

随着社会的进步和经济的发展，对人才的竞争日趋激烈，和谐社会的建设、科学发展观的落实对大学生的全面发展提出了更高的要求，仅拥有健康的体魄已不能满足人才竞争的社会需要，较强的心理素质和团队意识、勇于创新的品质以及直面挑战的信念在当代社会中显得尤为重要。因此，大学教育必须与时俱进，采用合适的教育方法，以培养出符合社会要求的高素质人才。

体育教育不仅要培养学生的身体素质和体育技能，还要注意培养学生在体育运动中的团队合作精神和吃苦耐劳的精神，锻炼学生的沟通能力，提高学生的综合素质水平，而拓展训练是帮助学生自我锻炼学习的重要方式之一。

拓展训练是一种有别于传统教学的学习方法和训练方式。它不是简单的体育加娱乐，它的本质是一种以身体活动为载体，以心理体验为手段的教育模式，实质上是体育社会功能的体现和延伸。拓展训练作为个性体育的一种必然也将成为一种时尚而备受国人关注。拓展训练进入中国以来迅速发展，成为全国各个院校、大企业员工培训的重要手段，但目前中学开展拓展训练体育课程者仍然非常少见。

拓展训练理念对中学体育教学也有一定的要求。第一，在教学过程中要保持学生个体的积极性，关注学生个人素质的发展。不管是课堂训练，还是其他的课外体验，都是学生学习进步的体现，老师应该给予学生引导和自主发展的机会，教学工作就是为了更好地培养学生的综合能力和素养。第二，应充实教学内容，不要过分倚重传统教材和学校标准，应重视学生的个人心理素质的培养，强化学生学习的意志精神、对人和对事的情感表达他们良好的人格品质。要尊重学生的个人思想，培养学生的个人能力和基本素质，促进学生个性化发展。第三，教学中需注重改善师生关系，老师不仅仅是为学生传授知识的长者，也可以做朋友知己，同时老师也是学生学习活动的组织者与指导者。在教学过程中，学生学习知识的过程是他们自己理解事物的过程，并不是老师言传身教的结果。第四，教师应该放开眼光，认识到教材并不是课本中的，体育活动应该是多样化的，要给学生带来活力和健康的价值观，同时要优化教学手段以及教学过程，根据具体教学目标设置教学方法。

教育部2002年8月颁布的《全国普通高等学校体育课程教学指导纲要》第四条中明确指出心理健康目标为"在具有挑战性的运动环境中表现出勇敢顽强的意志品质"。第七条中也明确指出："为实现体育课程目标，应使课堂教学与课外、校外的体育活动有机结合，学校与社会紧密联系。要把有目的、有计划、有组织的课外体育锻炼、校外（社会、野外）活动、运动训练等纳入体育课程，形成课内外、校内外有机联系的课程结构。"在此之后，我国高校体育教学经历了几年的摸索和发展，至今仍然存在许多问题：如学生对体育的喜欢而对体育某些传统项目的厌烦等。这足以说明了现在的体育教育不管是模式还是内容都急待改革与创新，这种创新无论是国外的个性体育俱乐部形式，还是发展中国特色的高校体育教学模式，或者是其他更先进的教学模式，都将必然经历一个思想观念和行为意识的蜕变，而将拓展训练全面普及于高校体育教育改革中，恰好是这种蜕变的一种过渡，既充实了教学的内容，达到拓展训练的目的，又是实行"以人为本"的素质教育观的需要，是培养适应社会竞争的人才的需要，在大力提倡素质教育的背景下，在理论与实践滞后于西方的事实面前，加速让拓展训练成为一种体育课程项目而普及于学校体育教学中，它将是一个具有重要意义兼具挑战性的课题。本书详细阐释了中学体育课程引入拓展训练的相关理论及拓展训练的教学分析，并论述了体育拓展训练对大学生的积极成效，最后提出了中学体育拓展训练的实践和发展策略。

此外，在本书的编写过程中，参考、借鉴了国内许多专家学者的专著、论文和研究报告，在此对这些学者表示衷心的感谢。由于时间及编者水平所限，本书难免存在不足之处，在本书出版之际，我们真诚地欢迎各位专家、读者对本书提出宝贵的意见和建议。

目录
Contents

第一章 概述 ... 001
 第一节 相关概念 ... 001
 第二节 拓展训练起源与发展 ... 011
 第三节 拓展训练研究现状及意义 ... 014

第二章 学生全面发展综述 ... 021
 第一节 学生全面发展观认识 ... 021
 第二节 体育在学生全面发展中的地位 ... 024
 第三节 学生全面发展途径 ... 029

第三章 拓展训练的安全因素分析 ... 033
 第一节 拓展训练安全意识 ... 033
 第二节 拓展训练安全理念 ... 036
 第三节 拓展训练安全保障 ... 045
 第四节 拓展训练安全管理 ... 054

第四章 中学拓展训练风险认知及体育教学方式、模式构建 ... 059
 第一节 拓展训练的风险认识和规避 ... 059
 第二节 体育教学方式结构体系的构建 ... 062
 第三节 基于学生全面发展的体育教学方式构建 ... 072
 第四节 基于学生全面发展的体育教学模式构建 ... 088

第五章	中学体育教学引入拓展训练的实施	**095**
	第一节　我国中学拓展训练实施现状与制约因素	095
	第二节　中学体育教学引入拓展训练的可行性	099
	第三节　中学体育教学引入拓展训练具体应用	108
	第四节　中学体育教学引入拓展训练的实施对策	123
第六章	中学拓展训练课程设计	**126**
	第一节　拓展训练课程相关理论基础	126
	第二节　拓展训练课程设计要素与评价	129
	第三节　中学生拓展训练课程设计策略	138
第七章	基于学生全面发展的校园体育拓展训练对策	**142**
	第一节　加强师资队伍，提高教师专业素质	142
	第二节　加强硬件设施，完善场地训练器材	148
	第三节　进行风险评估，建立安全保障体系	153
	第四节　健全课程管理体系，完善训练制度保障	164
思考与展望		**168**
参考文献		**173**

第一章 概述

第一节 相关概念

一、学生全面发展观

(一)身体发展：学生全面发展的首要前提

人的自然属性的形成和发展主要是人的身体发展过程。人的身体健康是人的发展的首要前提，是人的生命存在的重要载体。有健康的体魄才有旺盛的精力，才能有足够的体力、耐力和较高的运动技能等，这是人得以生存和发展的最基本的条件。没有健康的身体，人的全面发展则无从谈起。学生全面发展的"第一要义"是学生拥有健康的身体。每个学生都是一个鲜活的生命。生命是其他一切发展的前提。学生若没有健康的身体，必定会影响或制约其他方面的发展。学生身体充分、自由的发展为其他素质的发展提供保障。学生身体健康发展有利于促进学生道德提升、健康成长。简言之，学生拥有健康的体魄是学生全面发展的前提条件。

身体健康包括生理健康和心理健康。1989年，世界卫生组织对健康下了定义："健康不仅是没有疾病，而且包括躯体健康、心理健康、良好的社会适应能力。"心理健康包括自我意识能力、良好的自信心、健全的人格、坚强的意志力、自我完善能力、丰富的情感和稳定的情绪等。心理健康和身体健康是互相联系、互相作用的，心理健康无时无刻不在影响身体健康。如果一个人性格孤僻，心理长期处于一种抑郁状态，就会影响内激素分泌，使人的抵抗力降低，疾病就会乘虚而入。一个原本身体健康的人，如果老是怀疑自己得了什么疾病，就会整天郁郁寡欢，最后导致自己真的一病不起。因此，学生身体健康包括学生体格健康和心理健康两部分。

（二）德性提升：学生全面发展的"核心内容"

人性的社会属性具有规范性、实践性、互动性和共存性。其中，规范性是社会属性的最基本特征。由此，学生的"全面发展"应该是建立在符合人类社会道德伦理之上的全面发展。古人云，德才兼备是上品，有德不才是次品，无才无德是废品，有才不德者是危险品。立人先立德，树人先树品。学生全面发展应该遵循整个社会运行的规则和秩序，应该符合社会的规范性和伦理道德。学生良好的道德是学生全面发展的"灵魂"。如果学生品行不正，哪怕其他方面再好，定会给他人和社会带来危害，不可能被社会认同。同时，由于实践能力是体现人的社会属性完善程度的主要因素。学生实践能力扎实是学生日后服务社会和实现个人价值的"法宝"。因此，学生全面发展不仅要求学生具有良好的伦理道德意识、强烈的社会责任感，还要求学生具有良好的实践能力。

教育的任务和伟大使命是陶冶学生人性，塑造学生积极健康的人格。教育的两大主要任务就是让学生领悟"人应该怎样生活？人生应该怎样度过？"简言之，教会学生学会做人。教育的基本落脚点是教学生学会如何做人。但在现实中存在普遍的重智轻德的现象。不少教师只重视智育，忽视学生思想品德素质的培养，必然导致学生片面发展或畸形发展，培养的学生"有智商但没智慧，有知识但没有文化，有文化但没有教养，有欲望但没有理想，有目标但没有信仰，有青春但没有热血"，这是教育的悲哀。学生道德素质低下必然导致学生人格的扭曲，社会责任感的缺乏，这种人很可能会对社会产生极大的危害。清华大学的"刘海洋伤熊事件"发人深省。刘海洋已经被免试保送研究生，他却拿着硫酸到北京动物园泼到狗熊身上，缺乏人文关怀和人文道德。从这个意义上讲，教育的概念首先是道德教育的概念，教育事业首先是一项杰出的道德养成事业。道格、道德品质的培养比谋生手段的训练、竞争能力的培养、专业知识的学习更难、更根本、更重要。总之，道德素质是一个人的灵魂所在。因此，学生全面发展的核心内容是促进学生德性的提升。

（三）理性与非理性成长：学生全面发展的"关键所在"

人性更多地体现在人的精神生命层面，人在精神上追求真善美的和谐统一、追求认知与情感的和谐统一、追求理性与非理性的和谐统一。首先，学生全面发展也应是学生的理性、非理性的统一。学生全面发展既包括学生求知、求真、求善、求美的理性的发展，又包括学生的感情、情绪、心理、意志等非理性因素的发展。其次，精神性的满足和超越是学生全面发展的重要标志，也是实现学生自我价值、人生意义和人性完满的重要标志。再次，健康的心理素质和创新思维也是学生全面发展中必不可少的方面。最后，人性的完满是人性的自觉使命，学生全面发展也应是追求人性完满的全面发展。因此，学生的全面发展不仅是学生的身体素质、心理素质、个性得到全面、和谐的发展，还是实现理性与非理性的和谐统一，追求人性的完满。

学生全面发展是学生理性与非理性的和谐发展。理性是人的精神的抽象性、概括性。它包括精神的求知、求真、求善、求美之性。学生全面发展必须让学生掌握大量的科学文化知识，获得良好的人文知识和修养，具备扎实的学习知识和应用知识的能力。学生理性的发展主要是让学生认识自然规律、社会规律，学习系统的科学文化知识，发展智力和技能，提高分析问题和解决问题的能力，掌握从事社会主义现代化建设的实际本领，提升学生的道德素质和审美能力。非理性主要是指人的情感、意志，包括动机、欲望、信念、信仰、习惯、本能等，以非逻辑形式出现的幻想、想象、直觉、灵感等。非理性因素对理性起着重要的控制和调节作用。例如，良好的情感、意志等非理性因素可以促进学生认识和实践能力的发展。强烈的好奇心和浓厚的兴趣会使人产生种种想象和幻想，而想象和幻想是科学创造中的极可贵的品质。情感、意志等非理性因素可以激发学生的灵感和顿悟，而灵感和顿悟这种非逻辑力量可以弥补逻辑思维的不足，激发人的创造力，它是一种重要的认识能力。学生全面发展应该是学生非理性因素获得充分发展，如学生好奇心、探求欲、学习兴趣的高涨和学生个性的养成是学生非理性发展是主要表现。人的本质和价值原本就是人的理性与非理性的和谐统一。教师应该大力激发学生的非理性因素，以促进学生理性因素与非理性因素的健康成长。

二、体育

体育（physical education，缩写 PE 或 P.E.）是一种复杂的社会文化现象，它以身体与智力活动为基本手段，根据人体生长发育、技能形成和机能提高等规律，达到促进全面发育、提高身体素质与全面教育水平、增强体质与提高运动能力、改善生活方式与提高生活质量的一种有意识、有目的、有组织的社会活动。随着国际交往的扩大，体育事业发展的规模和水平已是衡量一个国家、社会发展进步的一项重要标志，也成为国家间外交及文化交流的重要手段。体育可分为大众体育、专业体育、学校体育等种类。包括体育文化、体育教育、体育活动、体育竞赛、体育设施、体育组织、体育科学技术等诸多要素。

体育一词虽然被译作 Physical education、Sport、Sports，但是它却不是译自于英文，而是来自日文，是直接借用日文中的"体育"一词。不过，日本在 Physical education 一词的翻译上并不是一步到位译作"体育"的，而是经历了从译作"身体（之）教育""体教""身教"到译作"体育"的日文化过程，这一过程是在 19 世纪 70 年代完成的。

体育虽然有悠久的历史，但是"体育"一词却出现得较晚。因为在"体育"一词出现前，世界各国对体育这一活动过程的称谓都不相同。

整个古代社会，虽然可以找到我们称之为"体育活动"的影子，但并没有出现"体育"这一概念。古希腊的哲学家，如苏格拉底、柏拉图、亚里士多德等，他们的著作中有很多关于体育的论述。古希腊时期关于体育的基本术语有竞技（athletics）、训练（training）、体操（gymnastics）等。中国古代与体育有关的术语主要有"养生""尚武""游息""角力""讲武"等。中国现代所用的"体育"一词于 1897 年从由日本传入我国，也经历了从"体操"到"体育"的演进过程。

目前普遍认为体育（或称为体育运动）是通过有规则的身体运动改造人的"自身自然"的社会实践活动。体育的基本表现形式是人的有规则的身体运动，其基本任务是对人自身的改造，其作用对象是参与者的"自身自然"。

体育的含义有狭义和广义的区分。狭义的体育即身体教育，是通过身体活动，增强体质，传授锻炼身体的知识、技能、技术，培养道德和意志品质的有目的有计划的教育过程。它是教育的组成部分，是培养全面发展的人的一个重要方面。[①]

广义的体育即社会文化活动。体育（广义的，亦称体育运动）是指以身体练习为基本手段，以增强体质，促进人的全面发展，丰富社会文化生活和

[①] 体育概论编写组.体育概论[M].北京：北京体育大学出版社，2013：12

促进精神文明建设为目的的一种有意识、有组织的社会活动。它是社会总文化的一部分，其发展受到一定社会的政治和经济的制约，也为一定社会的政治和经济服务。体育文化的一个组成部分，是根据人生理、心理发展规律，以专门性的身体活动为基本手段，增强体质，发展人体运动能力，提高人们生活质量的一种有目的、有价值的社会活动。

在古希腊，游戏、角力、体操等曾被列为教育内容。在 17~18 世纪中，西方的教育中也加进了打猎、游泳、爬山、赛跑、跳跃等项活动，只是尚无统一的名称。18 世纪末，德国的 J. C. F. 古茨穆茨曾把这些活动分类、综合，统称为"体操"。进入 19 世纪，一方面是德国形成了新的体操体系，并广泛传播于欧美各国；另一方面是相继出现了多种新的运动项目。在学校也逐渐开展了超出原来体操范围的更多的运动项目，建立起"体育是以身体活动为手段的教育"这一新概念。于是，在相当的一段时间里，"体操"和"体育"两个词并存，相互混用，比较混乱，直到 20 世纪初才逐渐在世界范围内统一称为"体育"。

中国体育历史悠久，但"体育"却是一个外来词。它最早见于 20 世纪初的清末，当时我国有大批留学生东渡去日本求学，仅 1901 年至 1906 年间，就有 13 000 多人。其中，学体育的就有很多。回国后，他们将"体育"一词引进到中国。

在中国，"体育"这个词最早见于 1904 年，在湖北幼稚园开办章程中提到对幼儿进行全面教育时说："保全身体之健旺，体育发达基地。"在 1905 年《湖南蒙养院教课说略》上也提到："体育功夫，体操发达其表，乐歌发达其里。"

在中国，最早创办的体育团体是 1906 年上海的"沪西士商体育会"。1907 年我国著名女革命家秋瑾在绍兴也创办了体育会。同年，清皇朝学部的奏折中也开始有"体育"这个词。辛亥革命以后，"体育"一词就逐渐运用开来。

1762 年，卢梭在法国出版了《爱弥尔》一书。他使用"体育"一词来描述对爱弥尔进行身体的养护、培养和训练等身体教育过程。由于这本书激烈地批判了当时的教会教育，而在世界引起很大反响，"体育"一词同时也在世界各国流传开来。从这里我们可以清楚地看到，"体育"一词的最初产生是起自于"教育"一词，它最早的含意是指教育体系中的一个专门领域。到 19 世纪，世界上教育发达国家都普遍使用了"体育"一词。而我国由于闭关自守，直到 19 世纪中叶，德国和瑞典的体操传入中国，随后清政府在兴办的"洋学堂"中设置了"体操课"。1902年左右，一些在日本留学的学生从日本传来了"体育"这一术语。随着西方文化不断涌入我国，学校体育的内容也从单一的体操向多元化发展，课堂上出现了篮球、田径、足球等。许多有识之士提出不能把学校体育课称体操课了，必须理清概念层次。1923年，在《中小学课程纲要草案》中，正式把"体操课"改为"体育课"。[①]

从此"体育"一词成了标记学校中身体教育的专门术语。

"体育"一词在含义上也有一个演化过程。它刚传入我国时，是指身体的教育，作为教育的一部分出现的，是一种与维持和发展身体的各种活动有关联的一种教育过程，与国际上理解的"体育"（Physical education）是一致的。随着社会的进步和体育事业的不断发展，其目的和内容都大大超出了原来"体育"的范畴，体育的概念也出现了"广义"与"狭义"解释。广义上讲，一般是指体育运动，其中包括了体育教育、竞技运动和身体锻炼三个方面；狭义上讲，一般是指体育教育。不少学者对"体育"的概念提出了一些解释，但比较趋于一致的解释为"体育是以身体活动为媒介，以谋求个体身心健康、全面发展为直接目的，并以培养完善的社会公民为终极目标的一种社会文化现象或教育过程"。体育的这一定义既说明了它的本质属性，又指出了它的归属范畴，同时也把自身从与其邻近或相似的社会现象中区别出来。但是，体育的概念并非是一成不变的，随着社会的发展和进步，对体育的认识也将有所发展。

三、学校体育

学校体育是指以在校学生为参与主体的体育活动，通过培养学生的体育兴趣、态度、习惯、知识和能力来增强学生的身体素质，培养学生的道德和意志品质，促进学生的身心健康。学校体育是教育的重要组成部分，是计划性、目的性、组织性较强的体育教育活动过程。

具有以下特征：

（1）基础性。首先，体育教育在整个教育中具有基础性地位，是德智体美教育的重要组成部分；其次，学校体育的对象是在校学生，身心发育处于关键时期，体育有助于他们的健康成长；最后，学生阶段是生活习惯和行为养成的重要阶段，体育知识的掌握与体育习惯的养成，将为竞技体育和大众体育打下坚实的基础。

---

① 周登嵩.学校体育学[D].北京：人民体育出版社，2004.

（2）普及性。学校体育以全体学生为对象，以全面传授体育知识、普及体育活动为宗旨。

（3）系统性。学校体育遵循儿童青少年发育成长的基本规律，并根据教学规律设计教学活动；教师按照循序渐进的原则有计划地指导学生；课余体育同课堂教学一起构成体育活动体系，在潜移默化中实现教学目标。

四、拓展训练

拓展训练不但对个体来说是一种获益匪浅的学习形式，对团队的教育合作来说也是一种有效的培训方式。拓展训练是以体育活动为载体，以现有情景下的自然环境为训练场所，不论是内容还是形式，都与户外运动和课堂教学都有着紧密的联系。拓展训练在各个地区的叫法各不相同，在广东地区称"教练"，在中国香港称为"外展训练"，而日本人又称它为"集体心理疗法"。拓展训练能够充分利用现有的自然环境或者认为的创造一种合适的、或简或繁的模拟情景，针对人的心理和身体进行一系列的极限挑战与训练，它侧重于情感的全过程，并激发潜能，提高学生的思想素质水平，创造和谐的人际关系和相互协作的关系。它注重整个活动过程的感觉以及通过活动过后的反思行为来促使自身的进步，并能够激发潜能、磨砺心智、和谐人际交往与协作等的实践活动。拓展训练的形式有室内情境训练，户外场地训练和水上训练等。

在《体育场所开放条件与技术要求》第 19 部分中，对拓展训练的定义如下：满足人们在工作人员的指导下，使用一个特定的场地、设施和设备，创设情境，在通过参与让意志力以得到磨练，激发内在潜能，完善自身的品质，通过熔炼团队等方面的提高而进行的活动。

拓展训练作为一种全新的运动形式传入中国，训练模式也逐渐多样化，改变了传统的单一发展模式，也将团体动力学、多元智能理论、人本主义理论运用其中，训练内容逐渐丰富起来，为企事业单位员工的内心的发展奠定了一个良好的基础。同时，随着人们对拓展训练研究的逐渐深入，一种全新的教育教学模式产生了，人们将拓展训练与体育活动、自然环境逐渐融合，为体育教学锻炼提供了新鲜的元素，与此同时，丰富的运动活动在一定程度上提高了学生的社会适应能力、交往能力，培养了坚强的意志品格，促使学生勇于探索、不断创新。

其功能：

一是拓展训练的教育学功能。拓展训练可以丰富和完善传统的物理教育的有效实施。从本质上来讲,拓展训练归属于教育中的一种,是当今世界上科学有效的体验式培训之一。当今社会教育大体可以分为三种:知识的教育、技能的教育以及世界观的教育。拓展训练符合《体育与健康》课程标准的理念,并且相比较我国传统的体育教学模式来说,拓展训练能够以学生为中心,根据学生的需求进行教学,关注学生的身心感受,强调"从做中学",这强烈的刺激了学生学习的主动性和自发性。在轻松愉快又有点紧张的学习过程中,发展了学生的智力与体力,培养了一种正确的人生观、世界观。这种"知行并进"的教育模式会逐渐引入到体育教学中,传统的教学观念和教学模式将得到改变。

二是拓展训练的心理学功能。拓展训练也被称为自我突破的人格训练,不仅可以强壮身体,还有助于心理健康的发展。在形形色色的社会压力下,拓展训练全新的教学理念、教学形式、教学内容和训练方法,能够针对当前人所处的独特的环境,减轻人的心理负担,释放自我。拓展训练集教育、实用、趣味、挑战于一体,独特的风格魅力所产生的影响与《体育与健康课程标准》中的心理健康的目标领域所提出的要求不谋而合,让学生在教师所创设的教学情境中,发现问题、分析问题、克服困难,找到解决问题的关键,体验共同努力后成功的快乐。在体验训练过程的经历中,逐渐强大自己精神抗压能力,得到重要的精神收获,同时改变对体育课的态度,启发他们对学习和生活进行思考,调动学生的主观能动性,促进其积极思考,与队友之间通力合作,这样更有利于体育健康课程的发展。

三是拓展训练的社会学功能。高速发展的市场经济制度下,越来越多的竞争压力让人们逐渐重视中小学的教育事业,如何调整学生的心态,以便能更好地适应社会的变化,也是教育界需要思考的问题。而拓展训练让我们明白,在人生的道路上,挫折是不可避免的,勇气是生存所必需的,我们需要在安逸的生活中找回属于我们的宝贵的东西。在拓展训练过程中,我们时刻要牢记一句话:"面对问题,要记住,只要你敢,你就能。"拓展训练过程中所展示的情景模拟,是我们现实生活中所能遇到的问题,训练中学生在遇到各种各样的问题是如何去面对并解决他们,挑战心理恐惧感。例如,在信任背摔中,鼓励学生突破心理障碍,迈出勇敢的第一步,当大叫着"我相信大家"时向后仰倒的一刹那,你就成功了,你就超越了自我,同学之间的信任就会加强,团队协作精神就会更加牢固。在拓展训练的课程中,让学生体验不同的社会角色,培养学生的自信,明确人生目标,改善同学之间的关系,这对和谐社会的构建有着重要的意义。

其分类：

一是按培训空间分类。可以分为高空项目（如空中抓杠、绝壁逢生、缅甸桥、神机飞虎队、天外飞仙、跳出自我、空中飞人、运炸药以及其他各种场地小型项目）；平地项目（平地项目具有很强的研讨性，能够在参与的过程中创新思维、陶冶情操、熔炼团队，在自我认知的基础上，发掘人的潜能，提高组织策划能力，提高学习和管理水平，包括信任背摔、坐地起身、蜘蛛网、翻山越岭、盲人足球赛、盲人方阵、解手链、呼啦圈、搭桥过河、穿越电网、心心相印、拆核弹、地雷阵、疯狂的设计等，上百个培训项目）；野外项目（利用户外天然的地形和特殊的场地环境，配合各种精心策划的团队游戏项目，将体能训练与团队的培养相互配合，让参与者在经历挫折与磨难中，发掘自我潜能，如天然攀岩、扎竹筏、速降、急速营生、大拯救、星空静思、荒岛求生等）；定向越野项目（定向运动起源于瑞典，以户外运动模式为主，现今风靡全球，它能够借助地图、指南针、探测仪等实用工具，按规定的方向对行进路线进行设计，选择自己认为的最精心的设计路线前进，将参与者的智力与体力结合到访各个目标的一种户外运动）；室内项目（室内项目是能够综合运用情景模拟的方式，让参与者通过角色扮演、问卷自测、案例分析钉子游戏、撕纸游戏、七巧板、造桥、造塔等以企业文化、领导力、管理技巧等为主要内容的现代培训方法）。

二是按培训目的分类。可以分为：挑战类项目（在项目进行过程中需要克服一些心理障碍才能完成的项目，如信任背摔、缅甸桥、彩虹桥、跨越断桥、空中单杠）；沟通项目（在项目进行过程中起到良好的沟通作用，掌握沟通的细节，增强沟通效率，如肢体语言、交换名字、初次见面、穿衣服、囊中失物、瞎子摸象、勇闯"鬼门关"）；合作类项目（在项目的进行时需要两人或者是多人默契的合作才能完成的项目，如诺亚方舟、美丽景观、建高楼、囚徒困境、寻宝之路、孤岛求生、笑容可掬）。

三是按培人数分类。可以分为单人项目（在老师的指导下一个人就可以完成的项目，如跨越断桥、空中单杠、缅甸桥等）；双人项目（在项目进行时需要两个人来完成的项目，如盲人足球、天梯、相依为命、哑人引路、头天陷阱）；集体项目（在完成老师所布置的项目时需要两个人以上的项目统称为集体项目，如穿越电网、能量传输、击鼓点球、不到森林）。

五、拓展训练对身体素质、心理健康的影响

(一)拓展训练对身体素质的影响

拓展训练的主要作用体现在对心理素质的锻炼上,但是它的本质还是一种体育运动,在此过程中产生的所有的有利结果都需要靠运动来体现,所以说拓展训练运动同其他的体育运动一样对人的身体素质有着同样的促进作用。在拓展训练中对于力量素质的锻炼多见于支撑、提拉和控制自身体重类,尤其对于上肢力量的锻炼尤为突出,比如攀爬类项目。至于速度素质的锻炼拓展训练要经常根据情况的变化对周围情况作出迅速而准确的判断,这需要灵活应变、快速敏捷的反应速度,高度的对身体的操纵能力以及迅速的作出应对措施。在拓展训练中受训者在新奇、刺激、危险运动的刺激下,很容易兴奋,运动的欲望也会增强,注意力更加集中,这对于提高速度素质中的反应素质有为有利。许多的奔逃类项目也会对腿部的爆发力和肌肉的耐力达到非常好的锻炼[1]。

(二)拓展训练与心理健康

认知行为理论认为,体育锻炼可以诱发积极的思维和情感,对抑郁、焦虑和困惑等消极的心境状态具有抵抗作用(Northetal,1990)。而拓展训练的困难度、危险度、合作度、趣味度是引起心理负荷的主要外部条件。训练对象通过观察、记忆、想象、思维协同等认知活动积极参与竞争,接受挑战,从而体验到成功感和满足感。班杜拉的自定效能理论认为,人们完成了他们认为是较为困难的任务时,其自定效能水平就会提高。正如 Sonstrotm 所说:"锻炼可以提高自信心,降低焦虑水平的途径之一就是参与者能够胜任某中任务。"这两者的观点其实是一致的。如果训练对象在心理上无任何负荷,无法引起较为强列的心理体验,只是在机械地重复动作,那么,这种练习就失去了其促进心理发展的作用[2]。

拓展训练是融合现代教育学、心理学、体育学等多门学科体系而产生

---

[1] 栾少俊,许智军. 拓展训练对中职生身体素质的影响[J]. 运动,2012,23(3):72-73
[2] 漆昌柱,徐培. 体育锻炼对学生心理健康的影响及其机制[J]. 武汉体育学院学报,2003,(5): 117-119

的一种全新的教育方式，它通过在自然环境和人工设施中设计的各种新奇、刺激、危险的多种项目，就像一个安全的、充满真诚并富有挑战性的心理实验场，在一些特定的环境和气氛中，让学生不断克服自己的心理恐惧，提高情绪调节和自我调控能力，培养学生果断、自信、敢为的优良品质和克服心理恐惧的能力[1]。拓展训练中常听到的一句话是"不是你不能，只是你不敢，不是你的能力问题，而是你的心理问题"。训练中你要面临各种各样的困难，挑战一定的心理恐惧。例如，信任背摔这个项目要求学生在近2米高的台上，闭上双眼双手抱肩背对台下，向后直倒让众人接住。任何人再闭上眼向后倒都会感到恐惧，在这种特定的环境中能否及时调整心态，控制自己的情绪，果断、勇敢地跨出一步，将是你能否获得成功的关键。它能让你懂得当你拥有了果断、自信、敢为的良好心理素质，面对任何困难和危机都会迎刃而解。

第二节 拓展训练起源与发展

一、拓展训练起源

拓展训练（Outward-Bound）起源于第二次世界大战。当时，盟军在大西洋的船队屡遭德国纳粹潜艇的袭击。在船只被击沉后，大部分水手葬身海底，只有极少数人得以生还。英国的救生专家对生还者进行了统计和分析研究，他们惊奇的发现，这些生还者并不是他们想象中的那些年轻力壮的水手，而是意志坚定懂得互相支持的中年人。经过一段时间的调查研究，了解情况，专家们终于找到了这个问题的答案：这些人之所以能活下来，关键在于这些人有良好的心理素质。于是，提出"成功并非依靠充沛的体能，而是强大的意志力"这一理念。

当时德国人库尔特·汉恩提议，利用一些自然条件和人工设施，让那些年轻的海员做一些具有心理挑战的活动和项目，以训练和提高他们的心理素质。后其好友劳伦斯在1942年成立了一所阿德伯威海上训练学校，以年轻海员为训练对象，这是拓展训练最早的一个雏形。

---

[1] 付杰.拓展训练对心理健康影响的研究——玄奘之路商学院戈壁挑战赛的启示[J].湖北经济学院学报（人文社会科学版）,2011,(11):216-217.

二、拓展训练发展

第二次世界大战以后,在英国出现了一种叫做 Outward-Bound 的管理培训。这种训练利用户外活动的形式,模拟真实管理情境,对管理者和企业家进行心理和管理两方面的培训。

由于拓展训练具有非常新颖的培训形式和良好的培训效果,很快就风靡了整个欧洲的教育培训领域并在其后的半个世纪中发展到全世界。训练对象也由最初的海员扩大到军人、学生、工商业人员等各类群体。训练目标也由单纯的体能、生存训练扩展到心理训练、人格训练、管理训练等。

第二次世界大战结束之后,Outward Bound 这所新型学校并没有因为其历史使命的结束而结束。这种具有独特创意的特殊训练方式也逐渐得到了推广,训练对象由海员扩大到军人、学生、工商业人员等群体。训练目标也由单纯的体能、生存训练扩展到心理训练、人格训练、管理训练等。

1946 年,Outward Bound 信托基金会(Outward Bound Trust)在英国成立,目的是推广 Outward Bound(简称 OB)理念,并筹集资金创办新的 OB 学校,OB 信托基金会拥有 OB 的商标,掌握着该商标使用许可证的发放。1962 年,曾在戈登思陶恩任教的美国人乔什·曼纳(Josh L Miner)在美国成立科罗拉多 OB 学校,并于 1963 年正式从 OB 信托基金会获得许可证书,成为真正将拓展训练推广开来的人。

将拓展训练在学校教育推广开来的是美国一所高中的校长皮赫(J. Pieh)。经过不懈努力,皮赫将拓展训练的方法应用于学校教育中,与现存的学校制度结合起来,为教育开辟了新的思路和领域。1974 年,外展训练实践活动的大纲出台后,得到了世人的瞩目和好评,该大纲被"全美教育普及网络(NDN)"评选为优秀教育大纲之一。随后,在美国高中课程大纲中,一直沿用该计划的学校达到 90%。

1964 年 1 月 9 日,组成 OB 法人组织(Outward Bound Inc)的文件在美国起草,经过不断地发展,OB 学校已经遍及全球五大洲,共有 40 多所分校。在亚洲地区、新加坡最早建立了 OB 学校,此后中国香港、日本、韩国先后引进这种体验式教育的课程模式。

1970 年,中国香港成立了香港外展训练学校。这是中国第一个加入 Outward Bound 国际组织的专业培训机构。1999 年,该组织在广东肇庆建立了外展训练基地,是国内第一个该组织下属的培训基地。

第一章 概述

刘力先生创办了国内第一所专业的体验式培训机构——北京拓展训练学校,并将其体验式培训产品命名为拓展训练。1995年3月15日成立了"人众人教育"(GROUP),1996年正式创立了培训知名品牌——拓展训练。

拓展训练以独特的培训模式和新颖的培训项目给国内的培训领域带来了前所未有的震撼。经过短短几年的发展,培训机构犹如雨后春笋般的增长。据北京奥特世纪拓展师培训中心整理的数据显示,在国内比较正规且形成规模的拓展培训机构已有328家,而参与组织拓展训练的机构,包括户外运动俱乐部、管理咨询公司等已超过千余家。

1999年,我国拓展训练在经历了四年的发展和提高后,和学校教育在培训活动中有了第一次亲密接触。北京大学、清华大学的EMBA学员也把拓展纳入课程体系之中,让学生到拓展培训公司参加拓展活动。几乎在同一时期,中欧国际工商学院、中山大学岭南学院、浙江大学、中国工商管理学院、暨南大学等学校的MBA/EMBA教育中,也纷纷把拓展作为指定课程内容。

北京体育大学与2005年3月成立了户外运动中心,并将拓展训练作为一门选修课纳入课堂。随后,北京师范大学、首都经济贸易大学、上海体育学院等也把拓展训练引入了体育课堂,不过由于条件等方面的限制,大多数学校的拓展训练教学只能依靠社会上的拓展培训公司进行短期的培训。经过短短几年的发展,各种拓展培训机构犹如雨后春笋般的增长。数据显示,在国内比较正规且形成规模的拓展培训机构已有300多家,而参与组织拓展训练,包括户外运动俱乐部、管理咨询公司等已超过千余家,涌现出了人众人、深圳智联、上海卓越拓展训练等许多优秀品牌。拓展训练在我国的企业领域内已开展得如火如荼,使各个企业也越加重视对人才的拓展培训。拓展训练由于是新兴事物,尽管已经在高等院校和社会上开展得很好,并取得了非常不错的培训效果,但是并没有引起中等教育界足够的重视。直到2003年7月,浙江省绍兴市青少年活动中心首先推出青少年拓展训练营;同年11月,北京石景山区永乐二种开展心理健康拓展训练活动;2013年苏州中学和苏州第十中学先后成功举办拓展训练活动,此项活动的开展在学生中引起了很大的反响,深受学生们的喜爱。拓展训练在国际上的发展看上去不错,但从来不容易,我们也应当共同努力,追求同样的目标。越来越多的拓展训练教学方法和原则已经成为世界教育体系的一部分,对正规、传统的教学方法做了补充。在许多发达国家里拓展训练机构已经把进入主体教育列为头等大事来抓了。拓展训练运动的影响十分深远,已超过了运动本身,而且实践型教学和参与型学习已经被吸收在全球所有以不断发展为基础的教育计划中[①]。

对于拓展训练的起源与发展问题的研究，随着拓展的发展与演变，也在在不断地完善与细化中。现阶段拓展课程的设置与安排主要都是针对学员的需求而精心策划的，最终的目的是让他们把训练中得到的应用到工作中去。在这种完善细化的过程中，也出现了一些新的趋势，正是这些新趋势所共有的特点，成了拓展的本质特征。

第三节 拓展训练研究现状及意义

一、国内研究现状

拓展训练运动在国内作为一个新兴的体育运动项目，深受广大大学生的喜爱，并且正在全国各地高等院校中如火如荼地开展着，在高校体育中扮演着越来越重要的角色。可是在中等教育领域内却很少见到拓展训练的身影，近几年来，高等院校的教育界学者逐步加深对成人拓展训练的研究，有关高等教育界拓展训练的科研论文和研究课题越来越多，本人查阅通过中国知网数据库，中国国家图书馆网络馆，查阅到拓展训练关键词相关文章1 685篇，其中拓展训练教学关键词文章仅763篇，而中学拓展训练教学文章仅为15篇。并且仅仅为体育课堂引入拓展训练或者意义方面的研究，缺乏拓展训练对中学生身体素质和心理健康促进的深入全面的研究。

例如，赵爱梅在《在中学体育教学中开展拓展训练的可行性研究》中阐述了拓展训练对中学体育课程发展带来的影响，从而掌握拓展训练在中学体育课程的发展走向。拓展训练进入中学体育课程有利于加快传统教育观念和教育模式的改革，使学生在集体中、在合作中、在解决问题的过程中提高社会适应能力、领悟做人的道理，通过亲身体验来培养学生的集体主义精神有重要意义[②]。

张菊光在《拓展训练引入中学体育教学的可行性研究》中分析认为，在中学开展拓展训练课程能够改善目前体育课程改革存在的问题以及改善当前

[①] 赵勇.拓展训练课程在学校的发展研究[J].科技资讯,2013,(15):204.
[②] 赵爱梅.在中学体育教学中开展拓展训练的可行性研究[J].产业与科技论坛,2013,(1):161-162.

学生们存在的身心素质差、社会适应能力弱等问题，对体育课程改革也是一种有力补充，开展拓展训练课程是大有裨益的也是事在必行的结论①。

秦妙在《阳光体育运动背景下体育课程引入拓展训练的实践与探究》中分析拓展训练不仅符合素质教育具有全体性、全面性、发展性和主体性的特征，还符合体育与健康课程标准的课程目标，中学体育教学中引入拓展训练符合现代教育理念，是素质教育的需要，它能够有效地促进学生健康发展，由此证明中学体育教学中引入拓展训练是必要的；中学体育教学中引入拓展训练在师资、场地器材、教材等方面是可行的②。

张吾龙、胡德刚在《中学生实施素质拓展训练的可行性初探》中分析认为，初中体育教学现状已经满足不了学生的兴趣需要，而拓展训练内容丰富、形式多样，具有挑战性、探索性和强调团队协作等特点，满足了学生和社会的需要，符合体育教育的发展趋势和体育教学改革的需要，顺应了现代课程改革理念，丰富体育课程内容，拓展训练与体育教学具有很多相关性和相同点，而且拓展训练融入初中体育教学所需要的场地器材、时间、安全、资金以及人为因素等条件都能够满足③。

陈建翔在《谈谈拓展训练及其对我国基础教育的启示》中从初中体育教学拓展训练着手，列举实施过程中的困难，进一步从提高对拓展训练的认识、选取的训练项目和充分做好安全防范工作三个方面进行了分析和可行性操作④。

毕礴在《走出拓展训练的误区》⑤、陈景学在《浅析拓展训练在初中体育教学中的应用》中分析实施新课程标准过程中体育教师对教学内容的误区与迷茫，结合新课程标准理念，分析拓展训练作为中学体育教学内容的优势，并总结出拓展教学中应注意的问题⑥。

温志宏在《心理拓展训练在中学心理健康教育中的价值与作用》中通过在中学体育教学中的实践，利用心理拓展训练的特点，在锻造个体学生的心

---

① 张菊光.拓展训练引入中学体育教学的可行性研究[J].科技信息,2011,(18):676-677.
② 秦妙.阳光体育运动背景下体育课程引入拓展训练的实践与探究[J].科技风,2012,(2):173.
③ 张吾龙,胡德刚.中学生实施素质拓展训练的可行性初探[J].西安体育学院学报,2005,(2):112-114.
④ 陈建翔.谈谈拓展训练及其对我国基础教育的启示[J].教育研究,1997,(5):54-56.
⑤ 毕礴.走出拓展训练的误区[J].中国商贸,2006,(10):77-78.
⑥ 陈景学.浅析拓展训练在初中体育教学中的应用[J].当代体育科技,2014,(6):32-34.

理素质，提高心理健康水平上应该发挥心理拓展训练在促进中学生心理健康方面的独特作用，达到新课标中规定的心理健康目标的要求[①]。

二、国外研究现状

通过查询国外拓展训练相关文献和网站信息发现，拓展训练从建立到现在多年的发展历程中，模式不断完善和成熟，理论研究不断丰富，取得了良好的实践经验和教学成果，并且在全球范围内广泛开展，它的教学模式和内容等都体现了杜威提倡的"在做中学"的体验式学习理念。并以 OB 为基础衍生出了多种相关课程，如 PA（探索课程）、EL（外展训练）、SP（情景仿真规划法）、PBL（以问题为本的学习）等。随着的不断发展，户外体验式教育也在全球范围逐步兴起。

现代意义上的拓展训练培训机构开始于英国，但是真正兴盛起来并且开展较好的是在美国和加拿大，其他国家和地区开展的相对较晚，而进入我国则只有十几年的时间。由于拓展训练的培训理念符合当今社会成员素质教育和向往大自然的需要，成为一种素质教育新时尚。目前，在全世界的多个国家和地区已有几百所拓展训练相关培训机构，主要集中在欧洲、美洲和亚洲等发达国家。拓展培训学校（Outward bound School）的总部设在英国，并且在全世界有四十多所分校，培训对象也涉及企事业单位管理人员、基层员工、教师、学生等多个群体，并且成立了 OB 国际组织（Outward Bound International，OBI），成为全球最有影响力的户外培训机构。

美国的拓展训练专家们经过深入的研究共同编制了学校拓展训练教学大纲，并于年引进学校，由此也得到教育界的广泛关注和支持，并投身于拓展训练教学事业，使教学大纲得到不断地完善和贯彻执行。并在年被"全美教育普及网络（"评选为全美优秀教育大纲。经过对教学大纲的实践和修订，拓展训练课取得了理想的教学效果，并开始在全国范围学校内开展。

在欧美等大部分国家和地区的学校中都编写了拓展训练教学大纲，并在体育课中开设该课程。例如，在美国的体育课中安排了信任背摔（Trust Fall）、攀岩（Climbing walls）、断桥、等常规拓展训练项目，此外还非常重视利用特定的场地设施对学生的身体素质和心理素质等进行锻炼。在澳大利亚，从中学阶段开始安排学生参加野外徒步、登山、露营等户外体验活动，

---

① 温志宏. 心理拓展训练在中学心理健康教育中的价值与作用[J]. 教学与管理,2009,(9):51-52.

全面提高学生的生活实践能力。在德国、法国、日本等国家，通过模拟训练等手段提高青少年的野外生存能力。在新加坡、韩国等国的教学大纲中，将拓展训练引进到体育课中，并精心安排了适合青少年发展的训练项目，深受广大学生的欢迎，并且取得了显著的教学效果，得到社会各界人士的广泛认同和支持。

随着拓展训练在不同国家和地区的开展，越来越受教育界专家、学者的关注，在实践的过程中，理论研究也不断丰富。其中，欧美等国学者与拓展训练相关的研究著作颇丰，如 OB 创始人库尔特·哈恩的《教育中的尝试》、库伯的《体验式学习》、具有"国际体验教育之父"盛誉的卡尔·朗基的《牛棚与眼镜蛇》等专著。

三、目前初中学校体育课教学现状

现代体育课程与教学改革实验中，有许多成功的例子，体育课外活动也搞得多姿多彩。但是在体育课堂教学内容上却出现不知如何安排教材的现象，而且由于"新课程"没有明确的规定教材，造成学校忽视体育的功能，对孩子参加体育活动不重视，"分数第一""升学第一"等陈旧的观念依然影响着学校体育工作新观念的形成与发展，影响着体育教学的改革。因为初中要参加体育中考，很多学校的体育课沦为了中考体育训练工具，三年的体育课内容基本都是中考训练内容，造成很多学生讨厌上体育课。除了一些旧思想和理论的干扰以外，主要是由于《新课标》取消了对体育教学内容的具体的规定和指导，也由于"体育教师缺乏创新能力和意识"，造成了体育课教学教材上的单一，学习内容单调、枯燥无味。还有一个问题就是，学校体育观念的落后，体育学科具有德育、智育、美育、身体锻炼与增强体质等诸多特点，具有一定的社会价值。但是至今仍有不少人依然认为体育只不过是领着学生跳跳蹦蹦、玩玩乐乐，观念滞后，忽视了对学生的德育教育，影响了学生的心理健康。

四、拓展训练对中学生全面发展的积极意义

拓展训练是体验式学习的一种，是借助教育学、心理学、组织行为学等相关学科成果，针对社会的需求和学生特点设计出来的一种课程模式。拓展训练是一种在模拟或自然的环境下，让学员体验经过设计的活动项目，接受个人潜力激发和团队凝聚力的挑战，并从中分享得到相关理论的一种课程。

拓展训练的基本原则是以户外自然环境为主,体能活动为导引,心理挑战为重点,极限要求为条件,完善人格为目标。拓展训练包括室内情景训练、户外场地、野外和水上等项目。室内情景训练包括组织能力、人际处理能力、协调能力、判断能力、领导能力等管理素质培养的专题训练项目。

(一)拓展训练符合新课程对体育教学的要求

学校体育是培养全面发展的学生的重要组成部分,在增强学生体质、促进学生健康发展方面发挥了积极的作用,2002年进行的体育课程改革,明确提出了学校体育应以"健康第一"为指导思想,将"体育课"与"健康课"进行了有机的整合,形成了"体育与健康课程",要求我们学校体育在促进学生健康的全面发展过程中发挥更加重要的作用。虽然国家已经为学校体育指出了新的发展方向,新课程的理念也已经为大多数体育教师所熟知,但是在实际的体育教学过程中,由于缺乏理论支持和相应的教学效果评价体系,又没有可借鉴的操作性方案,学校体育在促进学生心理健康和社会适应能力方面,仍然找不到合适的途径和方法,体育教师仍然沿用以往的教学方法、手段和内容"穿新鞋"走老路。

学校体育对拓展训练的引用与变革,无疑为广大体育教师提供了新的教学思路。拓展训练以它"先行后知"的体验学习方式让学生在愉快、积极地参与中学到知识,领悟道理,通过亲身体验来挖掘自己的潜能,培养创新精神和实践能力,促进果敢、顽强、自信、团结等良好品格的形成,符合当前教育改革和素质教育的指导思想,对推动传统教育模式的改革和青少年整体素质的提高具有重要意义。因此,拓展训练的理念和内容符合新课程对学校体育教学的要求。

(二)拓展训练对中学生同样适用

目前,社会上实施和开展的拓展训练,主要通过专业的培训机构或者拓展公司,对企事业单位的在职员工进行团体或者个人的训练。普通高校在看到拓展训练对大学生身心发展能够起到积极作用之后,逐渐将拓展训练引入学校,并通过不断地研究尝试,已经形成了比较成熟的理论和时间模式。针对成年人的拓展训练,训练项目大部分都具有较高的挑战性,如高空单杠、高空速降、天梯、断桥等,这些项目都存在一定的危险,对场地器材和人身安全要求较高,不适合中学生。

但是依照拓展训练以户外自然环境为主，体能活动为导引、心理挑战为重点，基线要求为条件，完善人格为目标的基本原则，我们完全可以对传统拓展训练项目进行改良，创造出在学校环境中适合于中学生的拓展项目，如定向运动、解手链、同心圆、兔子舞等这些充满新奇、快乐和挑战的拓展训练项目会吸引中学生的兴趣，也会让更多的女生参加到体育活动中来。

（三）拓展训练对中学生健康成长的积极作用

1. 拓展训练能培养中学生团队合作精神

拓展训练中的团队协作项目让中学生在团队中学会沟通和完成任务，学会将个人目标和团队目标相融合，学会和团队成员一起体验成功，总结失败，懂得在困难和任务面前寻求团队的帮助，通过团队合作，每个成员都意识到有许多任务目标单凭个人的意志努力是达不到的，每个人都需要别人的帮助并想方设法帮助别人，在此过程中学生的人际关系得到改善和提高，中学生团队合作精神和意识得到增强。

2. 拓展训练可以激发中学生的潜能和创造力

拓展训练的学习方式是发现式，在学习的过程中，学生获得知识和方法的途径是通过自己的探索和努力而不是由教师传授的。拓展训练项目对中学生的体力、心智和智慧都形成一定的考验，每一名中学生在任务目标的引领下，挑战自我、战胜自我的信念驱使下，充分发挥主观能动性，自身的潜能也被充分挖掘，创造力得到了淋漓尽致地发挥。

3. 拓展训练可以培养中学生的坚强意志的自信心

现在的中学生都是家里的宝贝，生活和学习环境都比较顺利、优越，缺乏困难的考验，意志相对比较薄弱，一旦遭遇挫折打击，往往意志消沉，甚至一蹶不振，更有甚者会产生轻生的念头。拓展训练的个人项目和集体项目都具有一定的难度，但是经过努力可以完成的项目，在完成这些项目的过程中，中学生会迸发出积极进取、顽强拼搏的强大力量，在失败和反复努力之后，最终获得的成功会极大地增强他们的自信心和战胜困难的勇气，他们意志品质也得到潜移默化的增强。

4. 拓展训练能培养学生的环境适应能力

拓展训练区别于传统体育教学最明显的特征是在教师的引导下，学生通过体验式学习，达到认识自我、熔炼团队的目的。在训练成功中学生既要从集体中吸引力量和信心，通过自己的意志努力完成自己的任务，又要和团队其他成员真诚交流、亲密合作,为集体目标而拼搏。经过拓展训练之后,学生的环境适应能力得到培养,在步入新的环境或社会之后,就不再是一个孤立无援的个体,他们会迅速融入团队,实现自己的价值和团队的目标。

拓展训练的理念和内容符合新课程对学校体育教学的要求,对中学生的全面发展起到积极的促进作用,随着教育改革的逐渐深入和拓展训练项目的不断成熟,相信拓展训练在学校体育教学中,在培养全面发展的学生过程中会起到越来越重要的作用。

第二章 学生全面发展综述

第一节 学生全面发展观认识

关于人的发展,最早是由古希腊教育学家亚里士多德提出,他认为人的发展是一个由身体、情感到理性发展的过程,并提出了体育、德育和智育的教育思想。之后,洛克、卢梭、裴斯泰洛齐、斯宾塞等教育学家均对这三方面进行了论述与丰富,他们认为人的发展是一个自然的过程,教育应遵循儿童自然发展规律,对儿童进行体、德、智等方面的教育。关于学生的全面发展,1999年的《决定》中也强调,学生的全面发展主要是指德智体美的全面发展。但各学者及各教育学家在马克思主义关于"人的全面发展"观点的基础上又有了新的发展,主要有以下观点。

一、学生的全面发展应包括自然发展与社会发展两个方面

自然发展主要是指学生身体各部分正常、匀称的发展以及各器官系统生理功能各项身体素质及运动能力等方面的发展(张学纲,1998)。社会发展主要是指学生良好的思想品德、行为习惯、认知因素与非认知因素的发展。并提出了要保证学生的全面发展,应从学生身心发展的需要制定教学目标、选择教学内容、安排教学组织。而体育不仅促进学生的自然发展,还能促进学生的社会发展,只要合理安排教学,就能够促进学生的全面发展。

二、学生的全面发展主要是指学生各方面能力与素质的发展

胡鞍钢（2015）从人的生命发展周期谈"十三五"规划如何促进人的全面发展，他认为人的生命发展周期可分为两个维度，一是年龄维度，二是能力维度。其中，能力维度包括身心健康能力（健康人）、学习教育能力（受教育者）、文化文明能力（文化人）、就业创业能力（体面受尊重的人）、社会保障能力（抵御社会风险能力）。而且，这些能力在不同年龄阶段体现着一个人的全面发展程度。

徐星美（2014）认为大学生全面发展的内涵至少应包含3个方面：个性发展；综合素质能力；和谐发展。其中，个性发展是前提，是基础，综合素质能力是应有之义，和谐发展是终极指向。同时认为"个性发展主要指一个人在思想、性格、意志、情感、态度等方面不同于其他人的特质。"综合素质能力主要指思想、身体、心理、文化和业务等方面的综合素质与组织、沟通、协调、思维、实践、创新等方面的综合能力。和谐发展是指个性发展与综合素质能力的和谐发展、个人与他人的和谐发展，个人需求与社会需要的和谐发展。

顾远明（2008）认为人的全面发展不仅是指体力与脑力的充分发展，还指人的体魄、智力、精神、兴趣、爱好、人格等各种能力得到圆满的发展。

三、学生作为一个人，其全面发展的素质即"四格素质"

对于学生的全面发展，很多学者及公众习惯地认为全面发展是指"德智体""德智体美劳""德智体美"等的全面发展，但周庆元、胡绪阳（2005）认为这些认识从来理论上来讲并不一定科学，主要有四个方面的主要原因：第一，"德智体"并不能包括学生的"全面"，假如包括"美育""劳育"的话；第二，德育也不能包含人的个性心理品质，德育应属于政治思想和道德品质教育，把心理教育看成是德育的下位概念，有些不妥；第三，美育不能成为学生素质的一个独立方面。如果美育的责任是培养审美能力的教育，那么它就是一种能力教育，应属于智育的一部分。美讲究的是外在美与内在美的统一，相对于德、智、体来讲，美育不能与其并列，并单独成为学生全面发展的构成要素；第四，"劳育"的概念内涵不清楚，具体指向不明。在中小学，"劳育"主要是指"劳动技术教育"，如手工制作、家电维修等课程，且在教育中也会渗透一些"德育"的理念，如"热爱劳动"。由此看来，"劳育"

会涉及"智育",并与"思想品德教育"相随,很难具有独立性,与"德、智、体"并列。

在此基础上,周庆元与胡绪阳(2005)认为学生"全面发展"结构的认知应基于普通的"人"。作为学生,其有待发展的全面素质应由"体格、心格、智格、行格"这四格组成(见图2-1),且这"四格"不仅以自身独特的内涵而独立存在,同时还相互交融,不可分割。

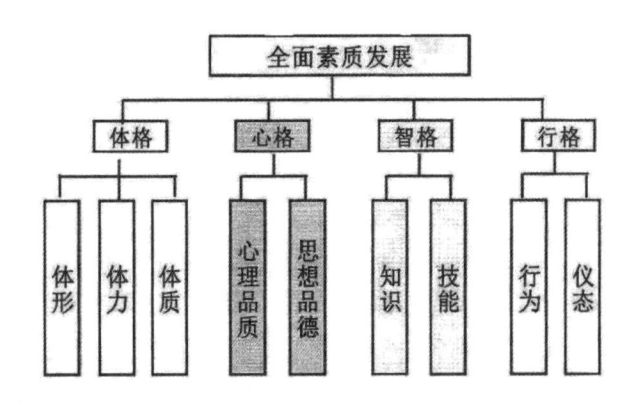

图 2-1 学生全面素质发展的"四格"构成

四、学生的全面发展是德智体美育的均衡发展

(一)学生的全面发展应是"德才"两个方面的协同发展

关于学生的全面发展,田建国(2005)认为素质教育是前提,德才兼备是标准,道德价值是内涵,非智力因素是主导,人文教育是底蕴,个性发展是核心,并提出学生的全面发展应借鉴国际人才基本素质取向,注重德才双修。

(二)学生的全面发展是指智育、德育、体育、美育的协同发展

蔡元培(1920)认为"所谓健全的人格,内分四育,即体育、智育、德育、美育。""这四育是一样重要,不可放松任何一项的。"董纯才(1951)在其文中提到"像当前这样重视政治教育与文化教育,轻视健康教育的偏差,必须予以纠正"。今后对政治教育、文化教育与健康教育几方面,即对

智育、德育、体育与美育四个方面，都得到应有的重视，使青年一代在智力、道德、体格、艺术等方面都得到适当的发展。关于"德智体美劳"可否并列，瞿葆奎（2005）在答黄济教授的"劳动教育应与体育、智育、德育、美育并列？"中明确强调"'劳育'是另一类的教育、另一层次的教育，它不能、也不应与体育、智育、德育、美育并列为人的全面发展教育的组成部分"，并认为人的全面发展应涉及身心两个方面，心的教育应包含德智或德智美，人身、心发展的教育应为体育、智育、德育、美育。

可见，学生的全面发展教育必须强调"德智体美"四育并重。通过以上的观点可知，当今学者及教育学家对学生全面发展的认知可分为三类，第一类是从一个完整的人之构成来看，即身心两个方面的发展；第二类是从促进学生全面发展的教育途径来看，即德智体美四个方面的教育；第三类是从作为一个全面发展的人应该具备的素质或能力来看，即各种能力＋各种素质亦或"四格"。但无论从哪一个角度来探讨学生的全面发展，都有其科学性及合理性。

第二节　体育在学生全面发展中的地位

在人的社会化过程中，学校教育是最重要的环节，尤其是基础教育阶段的学校教育更是把促进人的全面发展作为最高目标。"培养德智体美全面发展的社会主义建设者和接班人"是党的教育方针中所确定的教育宗旨。促进人的全面发展离不开德育、智育、体育、美育各个方面，只有各方面的教育相互交织、相互作用，才能最终完成教育的使命。在全面推进素质教育的过程中，体育发挥着无可替代的重要地位。

一、体育与学生的全面发展关系的研究

运用知识图谱软件 Citespace 对 1992 年—2016 年核心期刊论文进行关键词和主题词共现分析，围绕学生全面发展的研究主要集中在个性特长、内涵发展、精神生活、道德品质、学习过程、体育活动、教育工作者、评价共同体、学校文化建设、教学质量、小学教育、基础教育等方面，其中体育活动排在第 5。这一趋势表明围绕体育活动、学校体育来研究学生全面发展的文献相对比较多。

二、体育在促进学生全面发展方面所起的作用

体育作为教育的重要组成部分,对促进学生的全面发展起着至关重要的作用。其重要性在文献中主要体现在以下两个方面。

第一,古今中外的著名教育学家、国家领导人认为体育与德育、智育同等重要,且是德育、智育之基础,人之全面发展之基础。著名教育学家斯宾塞认为"健康的身体是心智发展的基础","体育与智育、德育具有同等重要的地位"。洛克认为人要能工作,要有幸福,就必须先有健康的身体,并在《教育漫话》中指出:健康的心智存在于健康的体魄中。卢梭认为:"如果你想培养你的学生的智慧,就应当培养他的智慧所支配的体力。不断地锻炼他的身体,使他健壮起来,以便他长得既聪慧又有理性,能干活,能办事,能跑,能叫,能不停地活动,能凭他的精力做人,能凭他的理性做人。"蔡元培的体育思想则是"完全人格,首在体育、次在智育"。同时,我国建国领袖毛泽东主席在其《体育之研究》一文中对"体"和"体育"的作用也进行了精辟的论述,即"体者,为知识之载而为道德之寓者也,无体是无德智也"。当今主席习近平也一再强调"体育在提高人民身体素质和健康水平、促进人的全面发展等方面,都有着不可替代的重要作用"。由此可知,体育是学生全面发展的基础。

第二,专家、学者们普遍认为体育对学生体质的增强、心理的健康、行为的规范、人格的养成等方面具有重要的促进作用。如前所述,学生的全面发展包含了身心两个方面,身体方面的发展与改善,"体育"自然责无旁贷,这也是为什么专家们面对"中国青少年体质连续25年下降,力量、速度、爆发力以及耐力等各项身体素质全面下滑,全国中小学近视眼和肥胖比例不断上升"的问题时,一致认为要"培养青少年'终身体育'的意识,才能从源头扭转青少年体质逐年下滑的势头"。可见,体育对学生身体发展的促进作用是不言而明的。

体育除了对学生的身体发育、身体健康、体质水平(胡进,2015)的提升有促进的作用,还对学生的心理健康、行为规范、人格培养(胡进,2015)、意志品质、体育精神、团结合作、组织能力、领导力、沟通交流能力、生活态度与生活方式、社会适应能力(郭可雷,平杰,2016)等方面的提升具有其他学科不可替代的作用。因为通过参与体育活动,能增加同他人接触与交往的机会,有助于消除孤独感、形成与人交往的意识,有助于培养

良好的合作精神和能力，合作能力是参与二人以上体育活动必备的素质。此外，通过运动所培养出来的竞争意识可使学生走向社会后更好地适应社会。

通过对学生全面发展的理解以及促进学生全面发展的途径的相关文献分析可知，体育不仅是学生全面发展的重要组成部分，是学生全面发展的基础，还是有效促进其全面发展的有效途径之一。其具体作用如下：

（一）体育有助于提升学生的体质

学校通过体育课程和多种类型的体育活动，组织学生体育锻炼，从而使学生拥有强健的体魄，这是教育发展的重要维度，也应当是各级各类学校，尤其是中小学办学的首要目标。但近年来，由于巨大的升学压力以及某些学生和家长较为片面的价值观，导致了重视文化学科教育而忽视体育成为许多学校的普遍现象。再加上当前中国独生子女较多，家长溺爱，阻止孩子参加具有挑战性的体育活动，中学生身体素质普遍下降，状况令人担忧。

作为基础教育阶段的教育工作者，尤其是中小学校长，应该本着对民族未来负责的忧患意识加强学校的体育工作。近几年来，国家采取了倡导阳光体育活动、提高体育成绩在高中招生考试成绩中的比重、推动各种类型体育特色学校的建设等有效措施来促进学校体育工作的开展，通过各种类型的体育活动来增强学生的体质。

（二）体育有助于促进学生心理健康

当代学生中独生子女较多，他们升学压力较大，再加上社会快节奏的巨大变化，使学生心理问题凸显，学生的心理健康教育已成为学校教育的重要内容。从广义上讲，心理健康是指一种高效而满意的、持续的心理状态；从狭义上讲，心理健康是指人的基本心理活动过程内容完整、协调一致，即认识、情感、意志、行为、人格完整和协调，能适应社会，与社会保持同步。所谓文武之道，一张一弛，通过参加体育运动，能够使学生在紧张的文化课程学习中放松身心，在体育活动的愉悦中减轻学习的巨大压力，从而具有更加专注的学习状态。在体育活动中，还可以加强学生间的交流与合作，从而培养他们的合作意识与能力，让学生在集体活动中学会与他人共处与协作，进而进一步完成人的社会化过程，为他们走向社会做好准备。

竞技体育活动有助于学生学会正确对待得失输赢，学会与他人分享胜利的喜悦，学会与伙伴共同分析失败的原因，进而养成胜不骄、败不馁的良好心理习惯，这也应当是学校心理健康教育的重要内容。

此外，开展体育活动还可以使学生全身心地投入到集体中，从而在共同创造小组、班级、学校的集体荣誉过程中，建立集体荣誉观。比如，学校举办的运动会、广播体操比赛以及其他各种专项集体体育竞赛项目，都是对学生进行集体主义教育的绝佳机会。

（三）体育有助于规范学生的行为

当今社会是法制社会，遵纪守法是社会对每一个公民的基本要求，因而培养学生遵法守纪的意识和行为也是基础教育阶段学校教育的重要内容。

所谓法制，归根到底是行为规则。自觉地遵守行为规则也是一种需要培养的能力，特别是对于学生来说，从小就应该培养他们的规则意识，而体育正是培养学生遵守规则的重要实践方式。大多数体育活动都是规则明确的竞技项目，学生只有在参与体育活动的过程中才能了解和学习各种规则，并在遵守规则的前提下充分地利用规则。长此以往，学生的规则意识就会日益强化，从而为将来遵循种种社会规则奠定良好的心理基础。

从某种意义上讲，人的社会化过程就是不断地克服自我惰性，自觉地遵循社会规范的过程。一个人严格地约束自己的行为，不仅能够使自己的行为符合法律和道德的要求，还能符合自我心目中理想的人格状态，这就必须不断地磨砺自己的毅力。学生投身体育活动能够使自己在锻炼身体的同时锻炼毅力，提高自控能力，并进一步成为行不逾矩、品格高尚的人。

（四）体育有助于促进学生人格养成

人格是指一个人与社会环境相互作用表现出的一种独特的行为模式、思想模式和情绪反应的特征，也是一个人区别于他人的特征之一。人格是人类独有的、由先天获得的遗传素质与后天秉承的教化相互作用而形成的。人格能够代表人的灵魂本质及个性特点（如性格、气质、品德、品质、信仰、良心）以及由此形成的尊严、魅力等。教育的目的就是要使学生能够具有健全、良好的人格。

如果说学校的课堂教育重视的是对学生智商的开发，而包括体育活动在内的其他教育活动更重视的是对学生情商的培养。以一个人的情绪、情感、意志、耐受挫折等方面品质为主要内容的情商是形成良好健全人格的关键。

检验学生学习文化知识的程度可以凭借考试而进行，开发学生的智商也有相应的教育教学规则可依，但培养学生的坚毅、乐观、豁达、不惧挫折以及富有同情心等良好心理品格，只能更多地依赖学生在校园内外参加的种种社会活动。体育活动正是学生能够普遍参加并且有助于人格养成的最重要社会活动。

学校开展的所有体育活动都应当要求学生全员参与，并要求每一个学生都努力突破身体的极限，这不仅符合更快、更高、更强的体育运动精神，还可以通过体育锻炼最大限度地砥砺学生的品格。

（五）体育有助于形成良好的校园文化

学校是育人的场所，而育人不仅仅在课堂，学生来到校园所参与的一切活动均属于受教育的过程，因而校园文化建设尤为重要。

校园文化是以学生为主体，以课外文化活动为主要内容，以校园为主要空间，以校园精神为主要特征的一种群体文化，它不仅包括校园建筑设计、校园景观、绿化及美化等物化形态的内容，也包括学校的传统、校风、学风、人际关系、集体舆论、心理氛围以及学校的各种规章制度和学校成员在共同活动交往中形成的非明文规范的行为准则。健康的校园文化可以陶冶学生的情操，启迪学生的心智，促进学生的全面发展。校园文化是学校本身形成和发展的物质文化和精神文化的总和。

校园文化中最重要的内容体现在学校全体师生的精神风貌上，而体育活动正是承载学校积极、健康、向上、进取并且富于活力的校园文化的重要载体之一。学校可以通过每天的早操、课间操、体育课、课外活动以及每年度固定举行的运动会、体育节和专项体育比赛，使学生在锻炼身体的同时，获得展现精神风貌的广阔平台。

为适应国家日益开放的形势，体现教育面向世界的要求，学校应努力开拓学生的视野，培养学生的开放意识，使他们成为具有"世界眼光，中国灵魂"的学生。要实现这样的目标，不仅需要优质的课堂教育，还需要开展丰富多彩的体育活动。学校篮球队、田径队等各种专项体育训练队参加的各级各类比赛，以及校际间特别是和国外友好学校间进行的体育比赛项目，都有助于使学生形成走出去的开放心态。而学校有意识地组织和引导学生开展诸如跳绳、踢毽子、太极拳、武术等富有民族特色的体育活动，更是利用寓教于乐的方式来增强学生对于传统文化的认同。

基础教育工作的神圣在于坚守，在于学校管理者和广大教师坚守教育理想，尽一切可能为学生营造良好的受教育环境，潜移默化地教育学生。学校的体育活动便是对学生进行潜移默化教育的最重要的方式之一。

第三节 学生全面发展途径

一、通过政策的引领来渗透相应的教育理念

目前，从国家政策文件到地方文件，从国家领导人的讲话到学者的报告，均在不同程度上渗透着"学生全面发展"的理念。国家政策文件如1999年的《中共中央国务院关于深化教育改革，全面推进素质教育的决定》、2010年的《国家中长期教育改革和发展规划纲要（2010—2020）》、2014年的《教育部关于全面深化课程改革落实立德树人根本任务的意见》及2016年的《国务院办公厅关于强化学校体育促进学生身心健康全面发展的意见》。地方文件如2010年的《上海市中长期教育改革和发展规划纲要（2010—2020年）》、2012年关于转发《上海市人民政府关于印发<上海市教育改革和发展"十二五"规划>的通知》的通知等。就期刊论文而言，学者们也针对如何更好地促进学生全面发展的理念阐明了自己的一些教学理念以及对政策的解读，如"面向未来教育的评价理念"即为全面发展性学生评价观（韩立福，2004），以学生全面发展为本的教育理念（蔡克勇，2000），以及"十三五"规划的核心理念是促进人的全面发展（胡鞍钢，2015）等。

二、通过教育实践来落实"全面育人"的教育理念

主要是指通过在教育教学实践中落实德育、体育、智育、美育这四育的来促进学生的全面发展。从文献可知，不同的学者在促进学生全面发展的途径上有着不同的观点，可谓百花齐放。但主要集中在建设校园文化（王保顺，2012）、创新通识教育（蒋香仙，洪大用，2012）、校本课程平台（杨素珍，2011）、班级活动（严中海，高斌，2011）、改革高考制度（苏蓉，2011）、学校体育及体育教学（李天胜，2011；马桂霞等，2008；朱连云，2007；张学纲，1998）、德育工作（白华毅，2011）、多元评价体系（李香善，2009；韩立福，2004）、职业生涯规划（钱艳芬，2008）、建设和谐校园（汪友琼）、健全人格（王传旭，2003）、艺术教育（李彩红，陈迎军，2002）、

第二课堂（范德举，2000）、体育考试（杨贵仁，1998）等途径。

但也有学者提及相关地区比较宏观的教育实践举措，如上海市2005年提出的"两纲"教育，即生命教育与精神教育，旨在通过两纲教育帮助学生认识生命、珍惜生命、尊重生命、热爱生命，进而促进中小学生身心健康发展。云南省于2008年实施的以科学发展观为指导、以建设现代教育价值体系为目标的"三生教育"，即生命教育、生存教育和生活教育。旨在通过学校、家庭、社会三者的力量，对学生实施"三生教育"，激发其主体认知和行为实践，进而帮助他们形成正确的生命观、生存观和生活观，其本质亦是促进学生的全面发展。

在具体的操作层面，徐星美（2014）认为，学生的主体性、主动性、创造性是其全面发展实践的三个维度。主体性即学生在学习过程中的自主、自在和自为地学习、选择和行动；主动性即学生在学习过程中能够发挥主观能动性，能自觉、独立地学习；创造性即学生在学习过程中，不片面地接受，敢为人先，勇于探索，开拓创新。

学生的全面发展需要通过学校教育来落实，既需要理念的引导、政策文件的指导，更需要教育教学实践的推行。但全面发展绝不等于德育＋智育＋体育＋美育，若各科仅根据自己的学科属性来确定自己的教育目的，如体育只育"体"，德育只育"德"，智育只育"智"，即便有全面发展的教育方针，也不可能培养出全面发展的人。因此，无论在哪一门学科的教学，无论在教学中采用何种教学策略、方法、手段，只有"四育"相互交融、相互渗透，方能真正地促进学生的全面发展。

如何有效地促进学生全面发展，从而让推进素质教育收到明显实效，是一个全民关注的教育热点问题。笔者近年来在大胆尝试推行素质教育的探索进程中，产生了多种的思考和设想，其实要真正把"促进学生全面发展"这一话题唱响，笔者认为只有落实学科均衡发展才是根本途径。下面是笔者的"三步曲"随想，肤浅的思路欲求共勉。

第一步要强化意识，树立以学科均衡发展促进学生全面发展的理念。

苏联当代著名教育家瓦·阿·苏霍姆林斯基在《给教师的建议》一书中曾这样说过："和谐的教育就在于．要使我们所教育的人的多方面活动的道德丰富性在学校精神生活的一切领域中得到表现。学校里所做的一切，都应当具有深刻的教育意义。"

而当前，部分中小学家长和老师比较重视语文、数学、英语等主课，因为这些学科在升学考试时占很大的比重。到了毕业年级，学生和他们的家长对其他学科的重视度更有所减淡，这是一个不可回避的事实。但从事教育的我们决不能这么想，要深信强调学科均衡发展与学生的升学、考试以及更好地发展一点都不矛盾。要牢固树立以学科均衡发展促进学生全面发展的从教理念。因为我们所教育的对象是社会的人，他们必须具备和掌握各方面的技巧和能力，才能去适应社会、建设社会和改造社会。有了这种理念和意识，才可能将我们面临的时代性挑战进行到底，才有可能为促进学生全面发展做出一些实实在在的作为。

第二步要注重实践，在教育教学各环节中大胆尝试多门学科并重的具体做法。

目前，有不少的学校都在高喊培养学生全面发展、大唱让学生们多门学科齐头并进的高调，但在真正对老师和学生进行考核评价的时候，往往对语文、数学、英语之外的其他学科的教、学效果都没见纳入应有的重视高度。这种"光打雷不下雨"的做法无疑对教师的教和学生的学都造成了一种无形的引领，从某种角度上讲其实是给学生们在成长过程中的多样性需求"断了奶"。对于全面发展而言，无异于"缺源之水""少本之木"。

那么，究竟如何落实这一目标，我认为可以从如下两个方面进行尝试：

一是要形成各学科任教教师积极的教学热情。苏霍姆林斯基在《争取学生热爱你的学科》一文中这样谈道："哪个学校里的各科教师的教学，好像汇合成了一种各自都在争取学生的思想和心灵的善意的竞赛，那么这个学校的智力生活就会显得生机蓬勃……他们都善于点燃起学生对自己所教的学科的热爱的火花，那么在这样的环境中，一定会使每一个学生的天赋得到全面的发展。"

我们如何营造这样一种环境呢？立足"科研兴教、教研兴校"的出发点，学校可以把各学科的任教教师组织到一起，就中小学阶段的重要教育问题进行交流、讨论或者演讲。要求和引导教师们站在自己所任学科的角度，充分阐述本学科的育人功能、深层次地挖掘本学科与其他多个学科之间在提升学生们知识、能力、情感几个方面的有效结合点，从而唤起全局重视、激起自己把该学科教好的强烈意识和工作激情。这是有效落实多门学科均衡发展的前提，解决了"如何去教"的问题。

二是要激发学生们强烈的学习愿望。我们的学生，无论是在身体上、精神上、兴趣上、爱好上乃至智力等方面都存在着个体差异。在提倡素质教育的当今，我们早已感受到学生们在其成长和发展过程中表现出来的多样性求知需求。鉴于此，用市场经济的理论来分析的话，我们要做的就是尽可能地供给他们的这些需求,也就是说要十分关注各个学科的价值取向。

我们要力求形成多元化的课程文化,在育人环节中体现各门学科在知识性、趣味性、娱乐性和适用性等方面的有机结合,从而更好地激发学生浓厚的学习兴趣。这是有效落实多门学科均衡发展的关键,解决了"如何去学"的问题。

第三步要合理评价,修订完善一套适合促进学生全面发展的考评办法。

在解决了"如何教"和"如何学"这两大问题之后,还要考虑影响教师和学生"价值取向"的因素,即教学评价。现阶段尽管大家都在修正和反对"应试教育",尽管从上到下的教育人都在探讨什么样的教育才不是"应试教育",但"应试教育"依然以它实质的身影存在于当前的教育现状,只是人们在努力地找些牵强的说法对它避而不谈而已。其实,造成这种现实的原因我认为归根结底在于考评机制的不健全、不合理和不适应新的教育方向,它从客观上直接阻碍了各门学科均衡发展的进程。如果我们的相关教育部门能够设计一种对师生教和学的实际效果进行综合考评的评价方案,用各科并重的原则去关注师生的工作学习收获的话,相信在教师的教和学生的学等环节上都不会出现"舍次求主"的局面。这是有效促进多门学科均衡发展的保障。

总之,要想真正促进学生各方面素质全面发展,就得从重视各门学科均衡发展做起。这既需要教师的工作热情,又需要学生的学习兴趣,更需要各级教育部门的倾情关注。只有这样,才能为学生们自主、探究、合作学习提供更宽、更广的自由空间;只有这样,才能让师生在教和学的活动中体验更多、更美的成长乐趣;也只有这样,才能将素质教育推上更真、更实的时代进程!

第三章 拓展训练的安全因素分析

第一节 拓展训练安全意识

拓展训练近年来在中国发展迅速,从北京郊区出现中国第一个拓展训练学校到现在几乎所有的省会城市都建有拓展训练学校和场地,其发展速度和规模都是惊人的。拓展训练在商业上也早已显现出巨大的价值,越来越多的企业意识到拓展训练给企业带来的价值,越来越多的企业发现经过拓展训练后自己的员工凝聚力和生产力的提升。于是各种拓展训练学校在中国逐渐发展壮大,大量的培训公司、培训学校、俱乐部、旅行社甚至猎头公司都参与拓展培训,不同的团体对其定义也不同,有的称其为探险旅游、生存训练、游戏、培训等。但是这些理解不是以偏概全,就是与拓展训练的本源思想背道而驰。拓展训练是与传统的认知教育不同的体验式教育活动,拓展训练是借助精心设计的特殊情境,以活动的形式让参与者进行体验,从中感悟出活动所蕴含的理念,通过反思获得知识,改变行为,实现可趋向性目标的一种教育模式。

安全是拓展训练的命脉。对于一个活动的领导者、组织者或指导者,安全意识是非常重要的。对此,我们要注意和重视。

由于学生大多初次接触拓展训练,许多学生在完成项目时的顾虑来自活动是否安全,即使组织方做出了承诺,安全的疑虑也还是会伴随学生直到课程结束。当然,拓展训练的挑战性在很大程度上来自其风险性,的确会使人产生危险的心理感受。但拓展训练活动其实是对学生心理上的挑战,而不存在真正意义上的危险。因此,在训练过程中对安全的注重和考量是非常重要的，甚至可以说是拓展训练的命脉。因为一旦出现事故，如果其伤害程度较大，后果将会非常严重，也会给受伤者身心造成不良的影响。

了解到潜在的风险对开展拓展培训将有积极的效果。在安全可以实现的范围里，真正的安全也绝不能仅仅依照固定的模式来执行，有时仍需要采取随机应变的方法，通过实地的特点和条件来制定安全预案，从而避免危险出现时引起慌乱，将不安全的可能性消除掉。

一、风险意识

在明确拓展训练安全宗旨之前，要先懂得树立风险意识。唯有知晓风险性，才能更好地提高安全防范意识。

（一）风险是实在概念

当风险与安全在我们头脑中出现时，一些人会以为"安全"是一个实实在在的概念，"风险"是一个模糊的概念。事实上，两者完全相反，风险总是存在于拓展训练之中，而真正的安全只存在于假想的情形中。因此，存在的风险是事实，绝对的安全是臆想。这个关系我们必须要清醒地认识到，只有认识到风险的存在，才能努力地将它降到最低。认识风险来自拓展训练的委托方与承办机构，只要参加有风险的活动项目，在谈论安全时就不要使用模棱两可的词语来回周旋，必须向参加者表明项目的风险本质，在了解其风险的实际情况下让他们自己选择是否参加。

拓展中的风险是指在拓展活动中存在或潜在造成伤害的可能性或概率。拓展中的风险既包括可能的损失，又包括通过风险学习的可能收获，因此化解风险的学习过程本身就是一次有意义的学习。

（二）绝对安全并不存在

拓展训练活动中没有绝对的安全。总会有一些风险事件发生，至少风险一直在我们身边，有时的确是这样，稍不留神它就会出现。活动组织机构和拓展教师应该仔细地检查他们的书面和口头语言，尤其要注意"安全"一词的运用方式，而事实上许多组织机构和拓展教师喜欢回避"安全"这个术语，因为当讨论安全问题时，他们害怕可能会对活动的签订与制定带来错误的期待和设想。

"绝对的安全显然是不可能的"这种话他们不愿说出来,如果不能够坦诚地与之交流,一旦承诺这种活动"绝对安全"就意味着自找麻烦,因为这不仅加大了你犯错的机会,还会给学生造成错觉。这就是为什么要直面风险的重要性。要向学生坦诚说明主要风险的本质,不要回避风险,在了解风险的情况下,让学生自己选择参加与否。我们所能做到的只能是按照规范的操作,避免风险出现时手足无措。

我们所参加的项目具有一定的风险,可以说是不安全的,如果操作不当就会导致危险的后果,只有我们知道危险的存在,我们才能够更安全。如果我们完全放松警惕,即使在一些低风险的项目中,也会出现伤害事故。

(三)安全实践

认识风险之后的问题是如何规避风险获得安全,也就是防范与应对事故的发生,尤其是在防范的层面上,国内的正规培训机构做得相对较好。但我们必须清醒认识到,我们所处的阶段,正是事故发生的上升期。随着行业的规范,培训机构的精简、国家相关机构加强监管、参训群体的理性化、学术化与实践经验的增加等,安全事故相应减少,但这需要时间。尽管中国真正的拓展训练一直保持着较好的安全记录,但有惊无险的事件确实存在。尽管已经有了各种安全规范和操作标准,但实施检查与评估依然形同虚设。因此,在这里谈论拓展训练的安全问题并非多余,尤其是想要参加一些高空项目,或者需要各种保护才能进行的活动,其中的风险是我们必须面对的。

应对风险的"安全实践"尤为重要,其背后的观点是,通过采取一些标准的操作方式,使其只能出现"可以接受的"风险,或者将风险挡在转化为事故的门外。当然,可以接受的风险是主观的,也会因人而异,不同的价值观,不同的个人规避风险的能力,对同一等级的风险有不同的判断。应对风险的实践要通过不断地回顾发展演变,建立在实际经历和其他包括研究实例和法庭决断的经历之上。

(四)风险魅力

风险的存在也是我们参与拓展训练的魅力之一,体验风险并将它抛在身后的感觉很惬意。尽管风险存在,绝对的安全是个错觉,但它却吸引越来越多的人参与其中,尤其是人们感到很脆弱或感觉危险时,战胜风险,重归安全的感觉是极其美妙的。过去20年中,从社会学的角度来看,在风险活动中追求安全成为越来越有价值的目标。即便如此，在拓展训练的美好蓝图中，对安全的关注已经成为超越这一较广阔画面之上的支架，拓展训练的发展，与这个"支架"的牢固性一衣带水，唇亡齿寒。

在安全的边缘挑战是参与者经历的一个方面，没有安全和不安全之分，努力地将风险化解为安全，才能成功体验。当然我们还有二者之间的地带。必受到追求"绝对安全"的过度困扰，正如我们曾经目睹了交通事故，就不再出现在路上一样，这是不会发生的，一切都在继续，遵照规律放心地去面对就可以了。

了解到承担风险有潜在的积极效果，对于拓展训练来说，虽然没有想象中重要，至少也有同样去关注的意义。在安全可以实现的范围里，真正的安全也绝不能通过遵循固定的法则来实现，只能采取随机应变，依据变动的因素制订的安全预案来实现。因此，应对风险时"安全预案"的灵活运用是非常重要的。

第二节 拓展训练安全理念

拓展训练安全理念是无论在拓展训练的活动过程中还是活动之外，任何的参与人员以及周围的环境都能够得到切实的保障，使得参与者的身心和环境都维持在正常的状态和水平。

初次接触拓展训练，会发现有许多考验人的勇气的项目。比如信任背摔、高空抓杠等。很多情况下参与者会对活动的安全性存在较大的顾虑，就算是在整个训练组织机构对此进行了非常明确的承诺之后，这些学生心中的疑虑和对安全的不信任还是会一直持续，甚至一直到课程的结束，因为在整个训练活动当中是存在一定风险的。在整个训练当中的很多项目是存在危险性的，但是在更多情况下，实际上是挑战了学生的心理，如果在实际操作当中合理合规，安全是可以得到保障的。从另一方面来说，参加培训的人员对安全的顾虑也进一步推进了拓展训练安全课程设计和相应设施的发展。

一、安全原则

拓展训练选择的场地、器械的特殊性，活动内容的未知性以及特行的心理挑战等，决定了拓展训练具有一定的风险性，如何获得最大的安全保障，如何让参训学生在身体、心理上获得安全保障，是拓展训练课程更好地发展甚至进入学校教学课程中至关重要的一环。

（一）备份原则

除了任何需要的器械保护之外，还必须安置备份器械。例如，跳跃冲击性项目必须有两套独立的绳索与主锁保护。空中单杠在进行保护的时候，需要在单杠的前后方各打一个保护点，两条独立的保护绳各自连接一个主锁，主锁锁门一侧挂在连接点上确保其中的任何一个都能起到保护的作用。

除了器械上的备份，保护手法也需要双重准备，以确保其中任一保护都足以保证在项目实施过程中学生的安全。例如，在完成信任背摔时，在每一个环节上都要有双重保护。当学生站在背摔台上后，拓展教师一定要将其引到正确的位置上，绑好背摔绳。学生向后倒时教师必须确认了方向后才能松背摔绳，倒下后首先是队友的双臂接住/要确保学生即使体重很大，也会安全落在队友的弓步上，绝不会落在地上。因此，接人队员在接人之前的队形和站姿的安排也非常重要。

（二）复查原则

所有的安全保护器械要合理使用，完成后必须再复查一遍，操作中大部分保护措施要多次检查，消除操作失误的可能性。例如，我们在做高空断桥项目时，在学生行动之前，教师先要自己检查，然后队长与队友再检查一遍，当上到断桥上时，拓展教师再次检查安全带是否穿戴正确、安全头盔是否扣好等。

（三）行为原则

拓展教师对项目进行中可能遇到的安全问题必须进行全程监控，坚决杜绝任何安全隐患。例如，在做求生墙项目时，拓展教师与安全监护人员要一刻不停地监护整个过程，不合理动作一出现就要及时叫停、随时提醒，不仅要关注上爬的队员，还要留意在墙上的队员，整个过程要全方位、多角度的监护。

此外，在高空项目中还要遵循换锁"先挂后摘"的原则，项目过程中"互相保护"的原则。

二、"三合理""三严密"的安全举措

运动损伤的发生与教师合理的教材搭配,常规的组织与教法,保护与帮助,消除学生胆怯心理障碍有着密切的关系。我们根据多年来拓展训练教学的实践摸索出与拓展训练教学中建立安全模式,做到以下"三合理""三严密",使学生充分认识和了解运动损伤的特点和规律就能避免和减少伤害事故的发生,就可以相应地取得较好地与拓展训练教学效果。

(一)合理遵循教学常规

体育课是学校教学计划中所规定的必修课。是学校体育教育和教学的基本组织形式。加强学生课堂纪律教育,是上好体育课必须做好的一项组织措施。学生遵守课堂纪律既是安全教学的条件,也是教学中安全系数的保证。因此,作为体育教师,一般在新学期开始的第一堂课,教师就要特别强调体育教学的课堂常规。在每上一堂课时教师都要提醒学生注意安全,并要求学生做练习时,尤其常见的易损伤练习听从指挥。

(二)合理搭配教学内容

在参照执行《体育教学大纲》的情况下,要根据学生的生理、心理特点和运动水平合理搭配和安排教学内容,身体联系是运用各种体育手段,结合自然因素和卫生措施来发展身体,增进健康,增强体质,调节精神和丰富文化生活的身体活动过程。操场、球场是学生从事体育学习的课堂。运用科学的方法去搭配教材,合理的选择练习内容,并及时地评定锻炼的效果是十分必要的。从学生个人实际出发,教学步骤由易到难,教学手段由浅入深,练习负荷由小到大,掌握技术循序渐进,全面锻炼持之以恒。就青少年而言,锻炼时既要运动胸背部,又要运动腰腹部;既要追求形态美,又要注重机能素质的全面发展。

(三)合理安排练习负荷

教师应全面了解学生的练习状况,对提高课堂教学的安全有着极其重要的作用。教师及时掌握学生的练习状况,建立学生身体状况卡片,在教学中根据学生的各自情况,合理地安排练习强度和密度,可以防止运动量过大,

导致体质弱的学生出现安全事故的现象发生。要根据每节课内容的特点组织学生进行充分的准备活动。例如，田径的跑、跳中要多注意下肢和腰腹活动；投掷项目还注意肩、肘、腕等关节的活动，体操课则要注意头部、上肢和腰腹的活动。让学生充分活动开，以免学生在运动中拉伤、扭伤、擦伤。

（四）严密的保护与帮助

培养学生吃苦耐劳，勇往直前的精神，在中长跑教学中不宜忽视保护与帮助。中长跑是一项身体负荷很大，锻炼价值较高的运动，尤其对增强心血管系统的功能有良好的功效。对学生而言需在心理上排除乏味的跑。这时，教师应在消除学生心理障碍的情况下采用练习的环境，特别值得注意的是，因人而异，关心体弱差生尤为重要，既要鼓励他们，又要从理论上简明扼要的提示，使他们在练习中各尽所能坚持下去。提倡越野跑是一种发展一般耐力的好方法。教师在课中要及时观察学生的运动情况，如学生的一定运动量后出现情绪低下、面色苍白、运动能力明显下降、出虚汗等疲劳表现，教师应及时调整练习，降低练习强度、密度，使学生能在体力和耐力上得到恢复。教师在课中要经常观察学生是否有态度不严肃、违反纪律、思想开小差或未按照老师的要求和原则进行，甚至互相作弄与嬉戏。如出现应及时教育并令其改正。

（五）严密的组织与教法

教师根据每节课的教学内容，提出相应的教学安全组织。如推铅球教学中不能对推，应先把学生集中在一边，分成几组，然后教师用口令指挥 A 组投，B 组捡，依次进行。推铅球成绩的提高，除应具备完善的技术动作外，努力发展学生的快速力量——爆发力是十分重要的。强化学生对技术动作要领的记忆"蹬腿、转腕、挺胸、拨球"，来达到教学目的。

（六）严密的措施与手段

教师在与拓展训练教学中要把安全教育摆在重要位置，头脑中要时刻绷紧这根弦，切不可因为学生对某项体育锻炼不感兴趣，在教学中采取听之任之的"放羊"式教学。如有些责任心不强的教师上课采取"放羊"教学，并离开课堂而造成学生在课堂练习中出现安全事故应追究其责任。另外，与拓展训练教师对场地、器材进行严格检查是责无旁贷之事。

与拓展训练教学中安全保护极其重要，若锻炼不当，则会引起损伤。教师应加强运动安全教育，克服麻痹思想，提高预防损伤意识，合理组织安排锻炼，合理安排运动量，防止局部运动器官负担过重，加强保护与帮助。特别要提高自我保护能力。与拓展训练必须遵循人体生理变化的规律，符合运动卫生的要求，才能有效地增强体质，防止运动损伤和安全事故发生。

三、拓展训练的设施安全

拓展训练活动当中的安全，不仅包括身体上，还有心理安全的因素：参与人员可接受的、符合伤害阈值的心理压力；行为的安全：不做违反道德、法律的活动；环境保护意识和习惯的养成；还包括器械的安全；器械和活动道具的保护；活动环境保护等。

拓展训练在产生的过程中，曾经是以在各种地形条件恶劣，周边环境复杂、天气多变、处处危机的情境中训练生存能力为开端的，虽然在后来演变过程中风险不断降低，但其所保留的训练特点注定了其固有的风险仍然存在。

（一）场地选择

不同的场地条件，存在的风险是不同的，一般说来环境下的拓展训练比人工建造的场地拓展训练更危险，由于不可控因素的增加，风险出现的机率也会加大，因此我们必须在有经验的拓展教师指导下进行拓展训练。对不熟悉的环境活动时应该更加小心，过于危险并不是一件好事，这一点我们很容易注意到。然而，很多事故往往出现在看似安全的地方，即使环境看似不那么危险，对自己的安全多一点关注也是一个好习惯。

对于人工建造的场地拓展训练项目，危险度在认知上不如来得直接，所以容易麻痹大意，正是由于此原因，场地拓展训练反而成为最需注意的地方。比如，许多地方就是利用一间普通的平屋顶做"求生墙"的训练，屋顶的四周没有护栏，也没有特殊的保护设施，学生在没有护墙的屋顶救人，实际上是很危险的。经过和组织方进行过交流，他们认为："墙很低，即使跳下来也没有问题。"因为墙的高度降低就认为危险降低，事实上放松警惕，出现危险的潜在因素反而增加。

场地在使用上的细节也是我们降低风险，减少事故的重要因素。比如：高空项目在雷雨天气中禁止使用，如果学生在正在进行高空项目，应立即下来，并且远离练习器械，因为电的力量有时会比我们想象的还要恐怖，使人受伤甚至殒命。如果在多雨的地区进行拓展训练，如果别无选择，必须完成一些项目，雨后造成的湿滑也要多加防范，如在"高空断桥"项目中，雨后断桥的木板容易打滑，这时在需要跳过去的一端，铺上一条大毛巾就可以解决问题。

不同季节、不同气候下的不同的场地，选择使用时要多留意经常出现的"有惊无险"的场面，也许这些惊险只是我们的运气比较好，并没有造成任何事故，可谁又能保证好运气会一直眷顾我们呢？这些"有惊无险"的场面正是我们好好分析，找出原因所在、化解危急、避免事故发生的最佳时机。

（二）器械安全

拓展训练中大量使用各种保护器械与辅助器械，他们的使用主要是保护学生安全、增强课程真实性、更好地完成模拟情境训练。器械的选择与使用对拓展训练起着至关重要的作州，尤其是安全保护器械的选择与使州，对学生的身心安全有不可替代的作用。

器械的购买必须要认定产品的产地、规格、认证等，按照安全要求使用是确保器械使用寿命的基本保障，合理的保养维护是将器械放在垫子上，选择降低器械损耗、确保安全的重要部分。

保护器械主要有保护绳、安全带、锁具、下降器、头盔等，这些器械都有严格的淘汰要求，一定要遵章执行。在这里对使用器械的安全进行一一分析。

1. 使用绳索时应注意的事项

在拓展训练中所使用的保护绳索，是保护学生安全与拓展教师正常操作的重要工具。拓展训练中使用保护绳索需注意以下几个方面：

（1）使用前仔细检查绳索有无伤痕，或是发生扭结情形，用手感受绳子是否有起鼓或粗细不匀的地方，出现这些情况的绳子都可能在使用时断裂。

（2）避免弄脏绳索是保护绳索使用寿命的需要保障，脏污是导致绳索劣化的主要原因，也会使其强度变差。在拓展训练中，不要将绳子直接置于地面，尤其是较多沙砾的地方，下方保护时主绳尾端最好放在垫子上。注意不要让油渍等附着到绳子上。此外，如果不小心弄脏了绳索，使用后一定要将沾在绳子上的脏污处理掉。

（3）时刻提醒学生不踩踏在绳索上，绳索常因被踩踏而产生伤痕或劣化。此外，若是有小石子等跑进绳子内部，那么在负重时也可能会有断裂的危险。对于拓展教师，有时会只看上方的学生，不知不觉间将绳踩在脚下。移动时要观察脚下的保护绳，养成习惯一定不要踩在绳索上。

（4）最好不要弄湿绳索，即使是防水加T的绳索，也要尽量避免在容易将绳子弄湿的状况下使用，因为吸了水的绳子不但重，而且易滑，非常难使用。

（5）避免向别人借用曾经使用过的绳子，或是将自己的绳子借给别人。没有比不知道曾被使用在什么状况下的绳子更危险的事情了。因为如果在不知情的状况下使用了像是曾经承受过突来重量的绳索，那么绳索便有断裂的可能性。

（6）除应将有擦伤、割伤或者磨损的绳子立刻换新外，两年以上被过度使用的绳索也须替换，它即使没有明显的伤痕，也已相当老旧。即使很少使用的保护绳，4年也应该将其淘汰。

还有，产生扭结的绳索也有可能会冲击而断裂，须多加留意，所谓的扭结是指绳子上所产生的扭曲情形。绳子若出现扭结，需要在使用前拉住绳子的一端将扭结处恢复，而使用后的整理，最好也采用较不易产生扭结的捆绑法。

（7）一定不能在绳索附近抽烟或用明火，即使只是火星溅到绳索上，受伤的保护绳对我们的安全保障也已经荡然无存。

（8）有些地方经常会将某些器械用保护绳连接，长期固定在器械架上，如"空中单杠"项目的单杠，如果用保护绳连接挂在上面，一定要经常更换，并且要在使用后拆卸下来。

2.使用主锁时应注意的事项

铁锁在使用前必须要仔细检查是否有龟裂或裂痕，开口的开启、闭合要平顺没有阻碍，在承受一个人的重量时，开口能够打开。假如铁锁在使用一段时间之后，开口易粘住打不开，可能是开口或锁芯有损伤的刻边，也可能是污物积在枢纽或弹簧处。损伤的刻边可用锉刀小心磨掉，开口生锈，枢纽或弹簧处的污物，煤油、溶剂或汽油等滴在枢纽弹簧的孔内，然后把铁锁放在沸水内煮，除去清洁油剂。如果打不开是由于锁芯弯曲造成的，这把铁锁就无法再使用了。

铁锁的使用非常简单，扣入支点再扣入保护绳即可。但在使用时，为增强安全性，有几个方面需加以注意：

（1）由于铝合金与钛合金铁锁的特殊材质，铁锁如果从1米高空平落在坚硬的地面或快速撞击在硬物上，铁锁就应暂停或放弃使用，以防铁锁内有裂痕，在受到较大拉力时断裂。

（2）拓展训练与攀登不同，在穿半身式安全带时铁锁除了和自身摩擦，一般不会与外物摩擦，因此锁门开门应朝向外侧，防止多次摩擦后丝扣会打开。

2019年的一则报道：体育课上，一位学生在"高空断桥"上，心里总认为眼前的保护绳碍事，不停地将在自己身前的安全保护绳左右挪动，30多分钟后该学生跨越断桥，拓展教师惊奇地发现，保障丝扣"没拧上"，可以按下锁门开启。这是怎么回事？拓展教师清楚地记得的确拧好了保障丝扣，学生也说自己没有拧开保障丝扣。后来拓展教师课后集体分析，正是由于锁门靠近学生身体内侧，由于保障丝扣被学生左右挪动时的摩擦，竟然失去了保障作用。

（3）连接支点和保护绳索，不能连接三个以上的铁锁一起使用，因为这样的连接会使铁锁纠缠并且扭开。

（4）高空跳跃项目中，由于冲击拉力较大，学生身上的保护点与保护绳间必须用两把铁锁，锁门方向相反，各连接1条保护绳。

除此之外，还需要强调的是，在高空需要换锁时一定要先挂上锁再摘下另一把锁，不论是否站在高台或参训者抱住固定物，任何时候不可以出现保护点完全摘除的现象。

3. 辅助器械

在拓展训练中，我们还会使用一些辅助器械，用以保护学生的安全，包括求生墙下的海面包、电网一侧的薄垫、防滑手套、护腿板等，都要注意合理的使用。

当我们进行活动时，为了更加真实地重现项目情境，总是需要一些辅助道具，而道具使用得越多，难度就会越大，对于参与活动的人来说，难度加大就会转移投入在安全上的注意力。因此，仔细说明道具的使用方法与要求、不断提醒注意事项，是道具使用时所必须注意的。比如，在模拟育人的项目中，由于使用了眼罩，就加大了磕磕碰碰的概率，这时我们就必须要求，不得随意远离队伍；听到拓展教师的"停止"提示时请不要继续前进；不要蹲在场地上，以防拌伤他人；前进时不要将手背在身后，防止正面"撞伤"，可以将手放在胸的保护自己等。还有当我们跳绳结网时，如何打绳结避免松动，确保绳索用于攀爬或抬运学生时的安全，必须提前细致讲解。

有安全保障的场地与器械能够让委托方安心于活动的交付，让组织者顺畅实施训练活动，让参与者全身于学习训练之中。场地与器械的安全是拓展训练的基本保障，由于同一场地有时会有不同的教师与学生使用，所以任何的安全隐患都应该及时通报，确保随后使用的人员心中有数。不论我们使用何种场地，在未得到安全保障之前不得冒险使用，以确保活动者的身心安全。

总而言之，无论是拓展训练机构还是参与训练的人员都对安全有着普遍的重视，在实际的课程安排以及设计当中都会有意识地对活动的风险进行评估，并降低其中的风险因素，但是在 PA 实践当中，出现安全事故的情况极少。例如，美国 PA 组织专门对这一实践活动的安全进行调查，在调查当中发现了这些数字，如篮球的受伤次数是 2 650 次，定向赛跑的受伤次数是 840 次，负重行走的受伤次数是 192 次，帆板运动的受伤次数是 220 次，但是 PA 活动的次数平均只有 3.67 次，居受伤次数最末。通过对相关数据进行分析和总结能够清楚地发现，从一定程度上看，PA 活动意外发生率极低，甚至可以说比散步还要安全。当然，拓展训练行业是一个风险行业，也因此会在安全问题的考虑上更加深刻和全面，也会主动提高安全操作的标准，使事故的发生率降到最低。尽管如此，拓展训练不能够就此放松下来，而是要树立良好的安全意识以及警惕意识，认识到一旦在拓展训练的实践活动当中出现安全事故，产生的伤害程度以及后果都是十分严重的，其中最为重要的是受伤者的身心会遭遇严重创伤。

在国外涉及挑战性的拓展训练课程时，往往会有专门的协会或者组织负责制定相关的安全标准，并严格按照安全要求进行贯彻落实。但是从我国的安全标准制定以及专业安全保障组织的建设方面来看，当前还存在着很多的疏漏，缺乏专业组织保障以及安全规范标准的支持，这在全面推进拓展训练课程在我国的发展进程当中成了一个非常严重的阻碍，也是推动拓展训练行业长远发展的当务之急。我国对于拓展训练课程的建设还处在一个初级阶段，拓展训练的整体发展还存在一定的不足，但是为了进一步推动拓展训练的长远发展，使其步入一个良性发展的轨道，对整个训练行业进行管理和规范，并且切实维护好拓展训练机构以及整个行业的声誉，我国的拓展训练机构必须积极促成训练基地安全标准的制定工作，并制定全面规范的安全管理措施。随着我国拓展训练课程的深入发展，相关的安全标准和安全规范会逐步出台并且全面贯彻实施，使我国的拓展训练步入规范化和安全化发展的道路。

第三节 拓展训练安全保障

确保拓展训练安全的一大要点便是构建拓展训练安全保障体系，此乃良方良策，在此将对构建拓展训练安全保障体系的理论依据、构建拓展训练安全保障体系的目标和原则、拓展训练安全保障体系的结构和运行以及拓展训练安全保障体系的构建四方面一一进行分析阐述。该部分虽为普遍性原理，但对中学生开展校园拓展训练有诸多借鉴价值，可谓大有裨益。

一、构建拓展训练安全保障体系的理论依据

（一）系统论原理

系统论是研究系统的一般模式，结构和规律的学问，它研究各种系统的共同特征，是具有逻辑和数学性质的一门科学，系统论认为关联性、整体性、时序性、动态平衡性和等级结构性是所有系统共同的基本特征。[1] 拓展训练安全保障体系是一个大的系统，同样遵循系统论的基本原理。首先，它是一个整体，是由各个子系统构成的，子系统在各自发挥自己作用的同时，以整体的形式表现出最大的功能；其次，各子系统之间是相互关联的，具有时序性和等级结构性，各子系统在整个系统中不是胡乱的堆积，而是按照相互之间的逻辑关系以及等级结构组合在一起。

（二）木桶原理

木桶原理告诉我们：组成木桶的木板如果长短不齐，那么木桶的盛水量不是取决于最长的那一块木板，而是取决于最短的那一块木板。因此，在进行拓展训练安全保障体系的构建中，要细心探索，小心求证，充分考虑导致安全隐患的因素，在各子系统的构建中不能存有孰轻孰重的思想，要一视同仁，不能顾此失彼，力争安全保障体系中不存在短板。

---

[1] 魏宏森.系统论[M].世界图书出版公司，2009：132.

（三）风险管理理论

从表层上分析，风险管理就是对生产活动或行为中的风险进行管理；从深层上研究，风险管理是指主体通过风险识别、风险量化、风险评价等风险分析活动，对风险进行规划、控制、监督，从而增大应对威胁的机会，以成功地完成并实现总目标。拓展训练安全保障体系构建的目标就是消除风险，因此在构建的过程中要对拓展训练各个环节的风险进行识别和评价，通过规章制度的建设、教练培养规范化和基地建设标准化等有效方式对风险加以控制和消除，最终实现保障学生安全的总目标。

二、构建拓展训练安全保障体系的目标和原则

（一）构建拓展训练安全保障体系的目标

为国家在宏观层面的拓展训练行业管理及解决安全保障问题提供借鉴和参考，可以肯定地说，随着拓展训练行业的发展以及安全保障问题的不断发生，国家一定会在不久的将来对拓展训练行业加强管理，加强管理的首要问题就是确定管理机构和制定管理措施。因此，为国家未来进行行业规范和管理提供借鉴和参考是本研究的首要目标。

为广大拓展训练公司及拓展行业从业者进行拓展训练安全保障工作提供思路在国家重视拓展训练行业并进行规范和管理之前，广大的拓展公司和从业人员也非常需要系统地、全面地审视拓展训练安全保障工作，了解安全保障的措施，落实安全保障的措施，因此为拓展训练公司进行企业内部安全保障体系建设，为拓展训练从业人员开展安全保障工作提供思路是本研究的第二个目标。为后续的"拓展训练安全保障研究"提供参考，起到"抛砖引玉"的作用。除此之外，希望引起广大学者对"拓展训练安全保障"研究的关注，并加强这一领域的研究，为拓展训练行业的健康发展做出积极的贡献。

（二）构建拓展训练安全保障体系的原则

1. 体系构建的科学性原则

（1）体系构建的指导思想要科学。体系构建要求构建者站在一定的思想

高度，以敏锐的洞察力，严谨的思辨力和缜密的整合力统摄全局。构建体系的过程中，始终要站在辩证唯物主义的高度，以全面、协调、统筹兼顾的思想去挖掘拓展训练安全保障中的安全要素，以普遍联系，辩证统一的思想去思考安全保障各要素之间的关系，以整体与部分的思想去探索安全保障体系的构建思路。

（2）体系构建的方法要科学。在体系构建的过程中，综合了大量专家的知识和经验，并运用管理学、社会学和逻辑学等理论进行定性分析，同时运用统计学、系统分析和控制论的基本知识进行定量分析。

（3）体系构建的程序要科学。科学研究不能一蹴而就，更不能无中生有，要按照事物发展的科学规律循序渐进，研究结果的权威性和说服力很大程度上取决于研究过程是否严谨、是否科学。在构建安全保障体系的过程中，首先要借助从业经验与问卷调查等方式探明拓展训练安全保障的现状，然后结合专家访谈筛选出拓展训练安全保障体系的安全要素，经过逻辑思辨初步形成拓展训练安全保障体系，结合专家意见对体系的科学性反复审视并对其加以调整和修改，最后请专家对体系进行评价。

2. 体系构建的时效性原则

"解决问题"是研究的归宿，在体系构建的过程中要以"有效性"作为本研究的出发点和归宿，在构建过程中时刻注意总结和检讨，不断完善和细化，并通过专家访谈和评价对体系的有效性做出验证。

3. 体系构建的系统性原则

体系构建的系统性原则强调拓展训练安全保障体系中各个子系统之间的整体性、有序性以及关联性，下面一一加以介绍。

整体性：拓展训练安全保障体系是一个系统，具有整体性，根据整体与部分的关系，要想发挥保障体系的最大作用，必须各个部分协同联动，同时，国家相关部门要时刻关注各个部分相关措施的落实情况，做好组织、协调和监督工作。

有序性：体系的构成是各要素按照一定规律的有序整合，这种有序性决定了谁是基础和依托，谁是方式和措施。

联系性：体系构建过程中要时刻注意各部分之间的联系，各部分之间既相互促进又相互影响，因此在体系构建的过程中切记不可顾此失彼。

4. 体系构建的可操作性原则

体系的构建不仅仅是理论的研究，更是实践的指导，因此在体系构建的过程要充分考虑体系的可操作性，要充分考虑体系对拓展公司和从业人员的应用价值，做到体系结构明晰，易于理解，方便应用。

三、拓展训练安全保障体系的结构和运行

（一）拓展训练安全保障体系的结构

在构建拓展训练安全保障体系之前，通过分析安全保障体系安全因素的构成进而理清体系的结构是非常有必要的，因此实际调查最为重要。有专家通过对拓展训练资历在5年以上的23位教练通过头脑风暴的方法，针对"在拓展训练中，哪些因素可能导致安全问题的产生"这一话题进行讨论，同时结合拓展训练专家的意见，总结出了拓展训练中的10个安全因素，包括拓展教练、训练基地、保护装备、应急预案、项目安排、餐饮、住宿、保险、交通以及学生本身等。

与此同时，学界专家对拓展训练中的10大安全因素进行系统的逻辑思辨，并结合自己的经验，形成了初始的拓展训练安全保障体系结构。同时也发现行政力量在规范拓展训练行业以及保障参训学生安全方面具有不可替代的重要作用，在当今拓展训练行业恶性竞争严重、管理混乱的情况下，广大的从业人员不可能自觉组建自治组织来约束行业内的不正当竞争和不规范操作，要想使拓展训练行业走上健康发展的道路，唯有政府出面，建立拓展训练管理机构，通过政府行政的方式对行业进行管理。国家相关部门应当立足于拓展训练的行业现状，发挥其主导作用，制定行业标准，完善行业法规，规范行业管理，促进拓展行业健康发展。

除此之外，学界专家就初始形成的安全保障体系结构与22位拓展训练专家进行探讨，虚心聆听专家意见，充分吸取专家建议，根据专家建议对初始体系结构多次进行修改并最终形成了拓展训练安全保障体系。

（二）拓展训练安全保障体系的运行

只有当拓展训练安全保障体系合理有效地运行起来才能切实降低拓展训练事故的发生率，才能促进拓展训练行业的健康发展。在安全保障体系的运行过程中，国家的监督管理是根本。

首先，以教练培训为基础，通过考核机制、等级升降机制和注册机制对

拓展教练进行专业化培养；

其次，以拓展基地审批为基础，通过建设机制、维护机制和检查机制来规范基地建设；

再次，通过工商和税务部门对拓展公司就公司注册和经营活动进行宏观管理和约束，通过拓展协会和消费者协会就行业内部竞争以及服务流程和质量对拓展公司进行微观管理和约束；

最后，具备拓展训练经营资格的正规公司通过雇佣系统培训和专业认证的教练，使用经过专业设计和建设，系统维护和保养并通过质量检查的基地，同时消除住宿、餐饮、交通、装备、应急和保险等方面的安全隐患，最终保障学生安全。

四、拓展训练安全保障体系的构建

（一）构建拓展训练风险评估体系

"凡事预则立，不预则废"，在拓展训练之前，对培训所涉及的安全环节进行风险评估，从而对此次拓展训练中的安全隐患，尤其是对安全保障薄弱环节做到心中有数是非常有必要的。

在这一过程中，拓展公司培训总监召集此次培训的相关人员并听取培训安排汇报，相关人员包括销售、后勤和培训主管，就拓展教练、培训基地、保护装备、项目安排、应急预案以及交通安排等通过《拓展训练风险评估表》进行现场评估，对于评估中的"一般安全""不安全"和"非常不安全"的问题进行重点解决，把安全隐患扼杀于萌芽状态。比如，对于存有较大安全隐患的拓展教练可进行更换或由现场培训监督在培训过程中重点关注的形式予以解决。

（二）建立拓展训练安全保障的长效管理机制

在拓展训练行业管理中，成立管理部门是基础，形成卓有成效的管理机制才是核心，管理部门只有通过管理机制才能发挥其管理效能。要针对拓展训练的行业特点，制定教练培养、基地建设的管理措施和规章制度，走教练专业化培养、基地规范化建设的路子。此外要不断总结和完善，逐渐建立运行机制、动力机制和约束机制，通过运行机制保障行业的有序发展，通过动力机制促进行业的快速发展,通过约束机制保证行业的规范发展。只有这样才能尽量避免行业中的不正当竞争,不规范操作,不协调发展,使拓展训练行业走上有序、规范、快速发展的道路,降低拓展训练事故的发生。

(三)完善拓展训练行业法律法规体系

自1995年进入中国后,拓展训练在中国有了长远的发展,据不完全估计,全国从业人员达几十万,但膨胀式的发展必然带来诸多问题,尤其是拓展训练中的安全问题,纵观全国上下,拓展训练事故屡见不鲜,人身死亡事故时有发生,济南黄河共青森林公园攀岩墙垮塌造成较大人身死亡事故给我们敲响了警钟,可以说拓展训练行业到了必须加以规范的地步。目前,任何一个行业的规范都离不开国家的立法和监督,可以说国家立法并予以监督是规范一个行业最直接有效的方法,对于拓展训练同样如此,相关部门应当出台相关的法律法规规范拓展训练市场,同时保障参训学生的安全。针对拓展训练这种群体性的活动,国家在《中华人民共和国刑法》《中华人民共和国治安管理处罚法》以及《中华人民共和国消费者权益保护法》等法律法规中都有相应的条文,但这只是一个基础,而没有针对拓展训练行业的特殊性就各个环节做出相应的规定,因此各级相关责任部门应当出台具体而有针对性的法规和制度以规范拓展训练市场。比如相关部门应当针对拓展训练培训师制定培训、考核认证、注册以及升降的制度以形成专业化的培训师队伍,将没经过系统培训和资格认证,有可能对参训学生构成安全隐患的教练挡在门外。

在这里值得一提的是,地方和行业协会以相关的国家法律为依据进行法规和规章建设以形成行业规范,在行业规范中就行业准入、教练培训与管理、基地建设与管理、装备使用、应急救援等方面制定严格的行业标准,并明确相应的处罚措施,对行业中违法违规行为进行处罚。只有相关部门针对拓展训练制定合理的规章制度体系,使拓展训练市场有法可依,有法必依,针对违法违规的行为和单位做到执法必严,违法必究,才能使拓展训练行业真正的健康发展,使参训学生的安全得到切实的保障。

(四)成立责权明晰的政府管理机构

所谓"纲举则目张",成立责权明晰的政府管理机构并充分发挥其管理职能就是拓展训练安全保障体系的"纲",拓展训练从最开始时的有序竞争到后来的不良竞争，再到如今的恶性竞争，其根源是行业缺乏强力的有效管理。没有责权分明、井然有序的管理体系是目前拓展训练行业混乱，安全事故不断出现的根本原因。针对这种现状，相关部门首先要建立专门的拓展训练管理机构。不管是从拓展训练基地的审批、建设到维护和检查，拓展训练教练的培养、考核到升降和注册，还是从拓展训练的事故责任认定到拓展训练事故的救援都离不开管理部门的协调组织，专门的管理机构在拓展训练全面、协调和可持续的行业发展中具有举足轻重的地位。

管理机构下设教练管理、基地管理、行业监察、行业信息和应急救援等五个职能部门。教练管理办公室负责拓展教练专业化队伍建设，具体包括教练培训、教练考核、教练等级升降和教练注册等工作；基地管理办公室负责基地标准化建设工作，具体包括基地审批、基地建设、基地维护和基地检查等工作；行业监察办公室负责对行业内违法违规行为进行监督和查处，具体监察内容包括教练、基地、操作、安全等；行业信息办公室负责建立行业信息发布平台，对行业信息进行搜集和发布；应急救援办公室负责应急救援队伍建设、应急救援方法措施的研究与推广和完成救援任务等。

（五）建立全方位、一体化的监督体系

在建立监督体系过程中，要以"信息公开"为目标，形成政府监督、社会监督、市场监督和媒体监督相结合的全方位一体化的监督模式，做到监督到位，不留死角。政府要明确自己的领导地位，积极协调组织，做好宣传工作，充分调动广大人民群众的积极性，建立行之有效的奖惩机制，对于主动举报和曝光拓展训练行业中违法违规操作和拓展训练事故的个人和媒体进行奖励，对于违法违规操作的拓展公司加大处罚力度，对于因违法违规操作造成重大事故的公司吊销营业执照，并随时将拓展公司的违法违规行为和出现的事故通过"拓展训练信息网"加以公布，做到信息公开化，透明化，以利于广大参训企业上网查询并选择安全等级高的拓展公司。

（六）规范拓展训练基地建设体系

伴随着拓展训练行业的快速发展，在利益的驱使下，在全国范围内，不计其数的拓展训练基地相继建成，然而经过细致的观察和比较，其基地建设很不规范，主要表现在：相同项目的设施高度有高有低、建设拓展架所用钢管直径有大有小，保护用钢缆有粗有细，高空拓展架设计五花八门，这突出

表现了国家对拓展基地的规范和管理存在很多问题。首先，没有成立规范基地建设的专门部门；其次，就基地建设所用材料、建设规格等没形成统一的标准；最后，就基地建设问题没建立有效的管理机制。

为加强拓展训练的安全保障，拓展基地规范化管理是不可或缺的重要一环。在基地审批方面应当充分考虑当地拓展训练的发展情况，申建地址的自然环境和地理结构，申建单位的经济实力、资金投入情况以及施工单位资质，进行合理布局，严把审批关，在审批环节要做到明确审批目的，牢记审批意义，严格审批标准，规范审批流程；在基地建设环节，报批设计图纸，检查施工材料，做好工程监理，严把工程验收。在基地维护上制定相关标准，就维护频率和维护质量严格监督，做到齐抓共管；在基地检查上就基地建设、维护、使用和管理问题做到检查一步到位，不留后患。

（七）建立拓展教练保障体系

拓展教练是保证学生安全的最直接的因素，因此专业技能过硬、态度认真负责、做事严谨细心的教练对拓展训练安全保障而言至关重要。但目前拓展教练培训市场混乱，所用教材五花八门，培训时间严重不足，培训出来的教练不经过必要的跟队实习的历练就开始独立带队，更有甚者没经过任何培训，只是参加过拓展训练就开始进入到培训领域，很多拓展训练事故的发生就是未经过专业培训和认证的教练不规范操作或未及时发现安全隐患造成的。因此，拓展教练培养急需要形成培训、考核、注册、升降的规范体系。在此建议由国家相关部门组织拓展训练公司组建行业协会，由协会出面组织拓展训练的专家进行研讨，制定教练培训、考核、注册和晋升机制，统一培训教材，明确培训内容，规定培训时长，制定考核标准，建立注册系统，确立升降制度，同时做好参训企事业单位的宣传工作，在进行拓展训练时验证教练是否具有从业资格，对于拓展训练公司也要加强管理，对于那些聘请不具备从业资格教练的企业加以处罚，只有这样才能从源头上严把从业教练的质量关，清除不具备从业资格教练的生存土壤，消除教练这一环节给参训学生带来的安全隐患。

（八）落实拓展训练应急保障机制

应急预案是在拓展培训过程中出现突发事故时对事故进行有条不紊地应对，对伤者进行及时有效救护的前提。对于拓展公司而言，首先，应当在拓展培训之前了解距离拓展基地最近的普通医院（村镇医院）以及规模医院（区及以上级医院）的相关信息，包括医院位置，急诊室电话以及交通路线图；其次，应急保障实行培训主管负责制，在每次培训前，由本次培训的培训主管提交书面《应急保障预案》，在预案中，根据本次培训的基地环境、天气情况、培训内容、教练情况、参训人员情况将可能出现的紧急事件进行周密仔细的预测，在预测的基础上形成完备有效的解决方案；此外，要在拓展训练班前会上将应急预案传达到所有的后勤保障人员和教练，所有人员记录培训主管的联系方式以便随时处理突发问题；再次，备足治疗感冒发烧、肠胃炎等常见疾病的药品以及消毒包扎用酒精和绷带等用品；最后，在培训现场停放应急救援车辆随时候命，要求应急保障负责人不得离开培训现场，在各培训项目场地不时巡视以便随时发现问题和解决问题。在遇到突发事件以后，要迅速判断事件的严重程度，能自行处理的通过应急药箱或将受伤、生病学生尽快送往医院救治；遇到比较严重的情况而无法自行处理的，迅速与最近医院联系，先请专业医生进行急救，再与医疗条件好的最近的医院联系，派出急救车辆，将受伤或生病学生送往医院救治。

（九）规范拓展训练保险机制

虽然在操作规范，保护装备安全，同时在基地设施建设符合标准、维护到位，学生遵守纪律的前提下，拓展训练比散步还要安全，但是我国拓展训练行业中，操作不规范的大有人在，建设不符合标准，维护不到位的基地比比皆是，保护装备超负荷使用的情况屡见不鲜。因此，为学生购买保险是明智之举。人身保险是对参训学生的最后一道保障，同时也是对拓展训练公司的最后一道保障。在拓展训练中，任何人都不想发生任何事故，尤其是重大事故，根据马克思主义辩证法原理，偶然性与必然性总是相伴而生，必然性中潜伏着偶然性，偶然性中孕育着必然性，在拓展训练过程中哪怕你的安全保障措施做到了尽善尽美，仍然无法阻止偶然性事故的发生，没有绝对的安全。鉴于此，在世界各国中，社会保险成为人们生活中不可或缺的保障方式。同样，对于具有众多偶然性因素的拓展训练更加需要社会保险，但目前在拓展训练领域中尤其是拓展训练公司负责人为学生购买保险的意识不强，同时，对于广大保险公司而言，缺少相关的保险产品，没能针对拓展训练行业的特点，开发出针对性强的保险品种，普遍采用旅游意外险来敷衍广大拓展训练者，旅游意外险保险金额低，协议中制定了太多不利于后续理赔的规定，发生事故时理赔程序繁琐，这种情况也降低了拓展训练公司购买保险的积极性。但无论如何，出于对学生负责和对公司负责的精神，广大拓展训练公司务必为参训学生购买保险。

第四节 拓展训练安全管理

一、拓展训练中安全管理的界定

安全管理是管理科学的一个重要分支，它是为实现安全目标而进行的有关决策、计划、组织和控制等方面的活动，主要运用现代安全管理原理、方法和手段，分析和研究各种不安全因素，从技术、组织和管理上采取有力的措施，解决和消除各种不安全因素，防止事故的发生。

拓展训练中的安全管理：拓展训练的对象是人，整个项目的设计都是针对人来完成的。因此，拓展训练的安全管理其实就是学生与物（安全带、绳索等保护设备）、学生与培训师（项目的监控）和学生与培训环境（天气、地面等自然环境）三者关系的控制。因此，做好拓展训练安全管理工作就要做到消除物的不安全状态，杜绝人的不安全行为和控制不安全环境因素，确保拓展训练的安全实施。

二、中学拓展训练安全管理体系建立要素分析

拓展训练是受训人使用一定的器械在一定的环境下进行的培训活动，因此受训人、器械和环境是构成拓展训练的三个主要因素，所以在进行安全保障体系的建立时，需要充分考虑三者之间的特点。

（一）杜绝人的不安全行为因素

受训人是拓展训练的主体，也是安全保障体系所要保护的对象，因此在进行拓展训练时必须杜绝受训人的不安全行为。第一，在进行培训之前应该充分了解每一名受训人的身体状况，如有特殊疾病则不允许参加培训；第二，在培训过程中如出现某些受训人故意破坏培训秩序的情况，要及时制止，保证培训顺利进行。

（二）消除物的不安全状态因素

拓展训练时，器械是沟通受训人和环境的纽带，受训人通过一定的器械在不同的环境中进行培训，因此，保障器械的完整则是保障受训人人身安全的前提。消除物的不安全状态则需要做到以下几点：首先，在进行培训前需要充分检查器械，保障其能顺利进行；第二，在培训过程中，要不间断的检查器械是否出现故障；最后，在培训结束时，要检查器械是否遭到损坏，而且要定期对器械进行维护和护理，延长器械的使用寿命。

（三）控制不利安全的环境因素

环境是受训人进行培训的场所所在，环境因素包括场地、天气等各个方面，只有充分了解这些因素才能更好地预防和减少环境的不利因素给受训人带来的人身伤害。在进行培训之前，不仅要检查场地里是否有危及生命的破坏屋，要检查岩石峭壁是否出现松动等情况，更要及时了解当天的气候状况，是否会出现暴雨、大风等不利天气。

三、拓展训练的安全管理体系构成

拓展训练等一系列体验式教育已经在我国广泛开展，参与人数逐年增加，根据不完全统计全国参加拓展训练的已达数百万人次。参训人员涉及政府、企业、学校等各行业，因此拓展训练已经成为人们普遍接受的教育方式，有关政府管理部门应加强行业的监管，保障拓展训练行业健康稳定的发展。与此同时拓展训练安全管理体系的建立也十分重要，以系统性的规范来保证拓展训练的安全和可持续发展。

（一）安全防范教育是拓展训练安全管理体系的核心

首先，中学负责部门要把安全作为头等大事，必须把安全生产管理放在日常经营的第一位。管理层应该站在行业发展的高度对待安全问题，对拓展训练的设施、装备、培训师、培训课程的安全应放在销售的前面，作为第一位。其次，培训师作为拓展训练的具体执行者是安全管理的重要环节，培训师的安全操作的追求应该永无止境，只要还想做培训师，就一刻不能放松学习，认真探讨行业规范，严格按行业规范操作。与此同时对参训人员的安全教育也非常重要。对参加者的安全教育在于教会他们如何选择专业的培训机构从而回避风险。而且应该进行拓展训练中风险因素的接受程度评估，没有一点危险感觉就不可能有高峰体验，因此对参训者进行安全的教育也很有必要性。在培训期间参训者的行为自控也很重要，很多培训事故的发生就是参训者没有培训师许可的情况下私自活动发生的。拓展训练作为体验式的培训需要大量的身体活动，应向参训者说明热身的重要性。如果不做热身活动就进行训练，就可能会发生肌肉拉伤、关节扭伤等损伤事故。

（二）保险制度是拓展训练安全管理体系的保障

应该建立拓展训练意外伤害保险制度，有利于降低风险，提高拓展训练机构的风险抵御能力。保险业的加入是拓展培训机构、培训师、和学生安全的物质保障，对于促进拓展训练过程中安全问题的责任界定，促进行业安全操作责任制的健全，以及促进学生的安全保障进而促进整个拓展训练行业的安全具有重要作用。实施人身意外伤害保险，使事故统计上报制度得以落实。通过实施人身意外伤害保险可以让每次拓展训练中出现的事故得到上报，为拓展训练行业提供有益的借鉴。实施意外伤害保险有利于降低企业经营风险。而当拓展训练意外安全事故发生的时候，应该建立应急救援体系，制定救援预案。一旦遇到危险，应该有及时有效的救援，一旦某个环节出问题，相应的救助体系立即启动。当事故发生时，应沉着大胆，细心负责，分清轻重缓急，果断实施科学合理的急救方法。先处理危重病人，再处理病情较轻的病人，在同一患者中，先救治生命，再处理局部，观察现场环境，确保自己及伤者的安全，充分运用现场可支配的人力、物力来协助急救。

（三）政府监管和法律规范是拓展训练安全管理体系的基础

首先，国家有关部门应该成立专门的培训监督管理机构，不断加大对拓展训练行业安全培训检查的执法力度。力争早日形成有法可依、执法必严的拓展训练安全管理机制。其次，建立并完善拓展训练安全生产的法规建设。去年，国内率先从事专业拓展训练的机构——人众人教育培训机构发布了国内第一个关于拓展训练的安全标准，虽然这还只是一个企业标准，但从最基本的安全标准开始，拓展训练的标准化工作已经开始实现了零的突破。我们可以借这次人众人教育机构发布安全标准为契机建立拓展训练安全管理的法规。再次，增加拓展训练安全培训科技含量，积极开展拓展训练安全技术研究。拓展训练相对于传统的教育模式，对于安全有更大的挑战。拓展训练作为一种在全球被验证过的良好教育模式，应该加强对拓展训练安全培训的科技含量，大力开展安全技术研究工作。最后，建立正规和专业的拓展教师的培训制度和培训师注册制度。国家可以组织规模较大的一些拓展培训机构制定拓展培训师的专业要求和标准并按照其要求对符合条件的培训机构进行认证，然后由这些经过认证的培训机构米对拓展培训师进行培训。并且设立拓展训练师注册制度，凡从事体验式培训（包括拓展训练）的培训教师必须有拥有拓展培训师资格认证，才可从事拓展训练活动。

三、中学拓展训练安全体系建立措施分析

（一）定期开展拓展训练活动，提中学学学生的参与度

拓展训练和足球以及篮球等项目相比较，在中学的普及程度还不够，这就需要学校加大普及力度，使更多的中学学生了解并参与到这项运动当中。首先，学校应该通过校园广播台等途径加大对于国内外拓展运动的报道，让学生及时了解最新的赛事；其次，可以通过校园广播或者报纸等渠道向学生教授相应的自我保护知识；最后，定期开展不同形式的拓展活动，并给予参与者不同的奖励，以此来吸引更多的学生参与到拓展训练中。

（二）加大中学师资力量投入

目前，绝大多数中学专业的教师数量较少，有些学校虽然已经开设拓展训练课，但是没有专业的拓展训练教师，在进行拓展训练时教师缺少相应的保护知识和保护措施。因此，中学应该加大对于拓展训练专业教师的引进，通过专业教师的引导带动整个中学的开展。

（三）为参与拓展训练的学生购买人身保险

中学拓展训练的威胁性是不可避免的，通过各种措施虽然能够降低其发生概率，但是很难完全避免发生，因此，中学应该为参与学生购买人身保险，一旦出现意外事故，可以使学生获得人身财产的补偿。学校可以为学生购买集体意外保险，这样不仅能够起到保护的作用，而且可以降低购买成本。

（四）加大相应的训练设施和保护器械的投入

中学拓展训练的开展对于学校体育氛围的影响是具有两面性的。如果开展顺畅，不出现意外事故，能够丰富学校的体育氛围，但是一旦发生意外事故，出现人身伤害，则对该项目的发展是致命的打击。因此，学校应该在训练设施和保护器材方面加大投入力度，以此最大限度地来保证参与学生的人身安全，从而推动的安全发展。

第四章 中学拓展训练风险认知及体育教学方式、模式构建

第一节 拓展训练的风险认识和规避

一、拓展训练的风险认识

拓展训练是指现有的或潜在的风险概率,从而可能导致损伤,即在发展活动的风险(R)等于其损伤程度(H)和产品发生的可能性(P)。人们对于拓展训练的认识一直是以室外拓展为主,高风险是户外运动需要防范的主要问题。对于中学生而言,安全的拓展训练是值得推荐的,但是实际上绝对的安全是虚幻的意愿,而风险的存在是实实在在的。

风险是一种客观的存在,它不受人意志控制。一些为了锻炼人的基本的意志品质或者培养团队精神为主的低风险的训练项目,对人们的身体伤害是很少的,可以说非常安全。这些项目正如PA组织(Project Adventure) 15年的安全记录通报中所说的那样,百万小时只有3.67人受伤的现实状况来说,远远低于篮球、骑马受伤的人数。但是,我国的拓展训练实施还并不完善,并不能等同于PA,不管是操作程序还是制度上有很多的不同之处,所以我们并不能因此而受其麻痹。安全问题是学校教学过程中不可忽视的关键问题。因此,谈论拓展训练的安全问题,特别是高风险活动的安全问题,显得尤为重要。

风险是拓展训练的独特魅力所在，没有风险的活动不是真正意义上的拓展训练，不管从身体、心理还是行为方面，普通的体育课程或者游戏等活动都是存在一定的风险因素的。因此，风险是一种客观存在，绝对的安全是不切实际的。但是，我们在此基础上，完全可以根据制定相应的教学计划，将风险降低到最低。

二、拓展训练的风险规避

风险管理的核心思想是，在一般情况下，无法消除的风险通过提高其威胁预判来识别和干扰已知的和潜在的保护能力，还可以降低风险的影响。风险规避拓展训练安全风险的原则是：预防事物不安定的状态、根绝人的不安全行为和意识、节制和干扰不安全成分。掌握风险原则，是预防和干预拓展训练风险因素的前提条件。通过对风险的管理，可以使课程组织者能在合理的范围内采取的风险控制，最大限度地对课程追求最大利益。

（一）提高安全意识

很多学生因为是第一次参加拓展训练，往往很兴奋，在对拓展训练课程感兴趣的同时容易忽略对于安全的防范。由于对拓展训练的认识不足，学生总会在潜意识中无意识地降低运动的风险，总以为爬低一点、幅度小一点就不会有危险，致使学生在无安全保护的情况下单独进行风险运动，培训老师也始料不及，来不及制止，所以说，拓展训练的要素既包括学生也包括教师。

一定的安全隐患是拓展训练的独特魅力，如果完全否定，就失去了开展拓展训练课程的意义。提高拓展训练实施过程中实施者和实行者的安全意识，是拓展训练能够有效实施的前提条件。尤其是老师的协助和保护，了解学生的身体现状、协调各方面的配合以及及时掌握学生动态，提前做好预防工作，这是风险控制的有效方法。

（二）防范安全隐患，注意维护场地和器材

拓展训练所需的场地和器材是判断拓展训练能否顺利进行最根本的物质保障。拓展训练的实施场地包括室内和户外两种。场地器材是拓展训练资本投入最大的一项，拓展场地的选择也需要考虑多重因素的影响，一旦建成，

很难更换。在此基础上，场地以及器材的维护也是很多实施拓展训练公司的一大资本投入，为了减少开支，所以很多拓展公司或单位的场地和器材的维护不到位，器材维护的程度远远落后于损耗的程度。这就加大了拓展训练的风险，定期对拓展训练的场地和器材进行安全检查，做好借用、收录、损坏记录，既方便器材的管理，又便于器材的维护。

（三）预防环境条件带来的风险，灵活的运用应急预案

应该建立拓展训练意外伤害保险制度，这样有利于降低风险，提高拓展训练机构的风险抵御能力。保险业的加入为拓展培训机构、培训师和学员安全的提供了物质、资金的保障，对于促进拓展训练过程中安全问题的责任界定，促进行业安全操作责任制的健全，以及促进学员的安全保障进而促进整个拓展训练行业的安全具有重要作用。实施人身意外伤害保险制度使事故统计上报与索赔得以落实。通过实施人身意外伤害保险可以让每次拓展训练中出现的事故得到上报，为拓展训练行业提供有益的借鉴。实施意外伤害保险有利于降低企业经营风险。而在拓展训练意外安全事故发生的之前，应该建立应急救援预案，一旦遇到危险，应该有及时有效的救援，一旦某个环节出问题，相应的救助体系立即启动。

参与训练的人员在面对突发事故时，应保持冷静的头脑，大胆应对，认真负责，区分优先顺序，坚决实行科学合理的方法急救。治疗患者时，一定要视伤势轻重判断治疗的先后顺序，危重症患者要先接受治疗，现场人员在观察现场环境、保证自己的安全的同时，及时判断情况，根据现场能够支配的人力、物力以及替代品帮助培训人员进行急救措施。

（四）建立完善的项目管理制度

拓展培训管理离不开的开发项目管理系统的制定，从项目内容的确定到项目的准备阶段和实施阶段，不断完善相关制度。从拓展训练实施的准备过程做好管理工作是将拓展训练方案进行管理的一种有效的手段，项目的准备阶段、项目的实施阶段和项目的总结阶段是制定完善的项目管理制度的重点。项目准备阶段也被称为安全调查阶段，包括检查设备的隐患的安装、现场布置和情景的模拟，安排培训和相关的安全提示等；项目进行实施过程中一定要注意的阶段是安全防范阶段即项目的实施阶段，培训员或者是教师一定要进行安全意识的培养过程，这主要包括安全意识的培养、规范操作的训

练、保护措施的讲解等；项目的总结阶段就是实施过后的维护阶段，主要包括对场地器材的整理和维护、对损坏器材的保养以及报废等。

（五）建立有效的意外伤害保险制度

意外伤害保险制度是拓展训练规避风险的重要途径之一。建立拓展训练意外伤害保险制度有利于降低风险，提高拓展训练机构的风险抵御能力。保险业的加入是拓展培训机构、培训师和学员安全的物质保障，对于促进拓展训练过程中安全问题的责任界定，促进行业安全操作责任制的健全，以及促进学员的安全保障进而促进整个拓展训练行业的安全具有重要作用。实施人身意外伤害保险，有利于化解和转移意外风险导致的赔付问题，如2006年太平洋保险公司针对中国登山协会的情况，设计开发了"登山户外运动专项保险"，为防范安全事故的发生提供保障。

第二节 体育教学方式结构体系的构建

一、体育教学方式内涵

对于"教学方式"，有各种不同的解释，基本分为两类：一类是把教学方式作为教学方法的下位概念；另一类则是把教学方式作为教学方法的上位概念。前者以《教育大辞典》为代表，将教学方式界定为"教学方法的活动细节。教学过程中具体的活动状态，表明教学活动实际呈现的形式，如讲授法中的讲述、讲解、讲演，练习法中的示范、模仿等。同一教学方式可以用不同的教学方法，不同的教学方式也可包含在同一教学方法之中"。教学方式是内含于教学方法范畴之内的下位概念，是教学方法系统的组成部分，是构成教学方法的具体活动和行为。此外，部分学者在对教学方法的定义中，也包含他们对教学方式的理解。例如，李秉德等认为："教学方法是在教学过程中教师和学生为实现教学目的、完成教学任务而采取的教与学相互作用的活动方式的总称。"王策三在《教学论稿》中指出："教学方法是为达到教学目的，实现教学内容，运用教学手段而进行的，一整套方式组成的，师生相互作用的活动。"从他们对教学方法的定义中可知，教学方式是教学方法的具体化和构成要素。教学方式是运用各种教学方法的技术，任何一种教学方法，都是由一系列的教学方式所组成。但也有学者持有与上述观点相反的认识，即把教学方式看作教学方法的上位概念。例如，江山野认为："教学方式和教学方法的关系，与战略和战术虽不尽相同，但有相似之处。在教学上，从整个发展过程的全局考虑，在每一个发展阶段，需要一种基本的方法。而且，由于教学过程的每一个发展阶段都持续一个相当长的时间，具有一些相对稳定的特点；因此，适合每一个发展阶段的基本的办法也应该有一定的规定性和稳定性，并且有一定的形式，即教学方式。"

根据黑格尔的逻辑学原理，构建理论体系应按照"存在、本质、概念"逐次进行，所以研究教学方式应该把教学本体作为逻辑起点，而不能把作为教学现象的教学方法当作逻辑起点。那么，什么是教学活动的"存在"？根据唯物辩证法原理，凡是人的活动均包含了理论活动和实践活动，而人们对于每种活动必然表现出不同的处理方式。教学活动是人类一种特殊的活动，是师生在教与学过程中发生的一种传授与被传授知识的双边活动，因此，教学活动的"存在"也必然包含了作为理论活动的教学认知活动和作为实践活动的教学行为活动。那么，什么是教学的本质呢？关于这个问题，可谓众说纷纭，基本没有一个明确的定论。

其实，教学的本质应建立在对教学"存在"认识的基础上，由于教学的"存在"是一个师生之间的双边实践活动，按照辩证唯物主义思想，人是任何实践活动的主体，而在教学活动这个特殊领域中，师生具有双主体性，即教师与学生皆是教学实践活动的主体，离开其中任何一个主体都不可能成为教学活动。因此，作为双主体的教师与学生的思维方式与行为方式应是我们考察教学方式的逻辑起点，这也是教学活动的本质特性，而教学方法则是在确定了教学方式情形下的具体化的操作过程与操作技术，我们不能把教学方法作为教学方式的逻辑起点。因此，体育教学方式是指在体育教学过程中师生运用的思维方式与行为方式的综合。也就是说，体育教学方式应包含体育教学师生思维方式和行为方式两个部分的内容。

二、体育教学方式分类

根据体育教学方式的概念界定、体育学科教学的特殊性与划分的标准，我们把体育教学方式划分体育教学师生行为方式和思维方式。

（一）体育教学行为方式

所谓"行为方式"，是指一定的社会角色在社会生活中形成的程序化、规范化、模式化的活动。教学行为方式是各种行为方式的一个种类，是教学思维方式的外在表现形式，是由教学方法、手段、技术、媒介等构成的综合行为样式。体育教学行为方式应包含达成体育教学目标而运用的各种方法、手段、策略、技巧、媒介等综合行为样式。但由于体育教学行为方式中各种内容的多样性，选择何种具体的行为方式将取决于教学过程中师生采用何种教学理念和思维方式，不同的思维方式决定着不同的行为模式。

1. 体育教学方法

这里不谈方法论中的方法，而是指具体的教学方法，是教学方法论一个层面的具体内容。教学方法包括教师教的方法（教授方法）和学生学的方法（学习方法）两大方面，是教法与学法的统一，两者之间相辅相成，教法必须依据学法，学法可以借助教法。把教法与学法分开来研究的目的是深入教法研究与学法研究，并不是割裂教学方法，目前有些学科过于强调学法或教法的做法都是不正确的。过于突出教法，就会回归到传统观念上的灌输式教学形态；过于突出学法，则会导致减弱教师的指导功能，放任学生，使学生的学习进入自由散漫的状态。因此，处理好教法与学法的关系是搞好体育教学的关键。就操作层面而言，体育教学方法的种类很多，有讲解、示范、直观、分解、完整等。各种方法的具体内容也很丰富，由于另有体育教学方法章节，此处不再加以阐述。

2. 体育教学手段

"教学手段"是师生教学相互传递信息的工具、媒体或设备。随着科学技术的发展，教学手段经历了口头语言、文字和书籍、印刷教材、电子视听设备和多媒体网络技术五个使用阶段。现代化教学手段是与传统教学手段相对而言的。传统教学手段主要指一部教科书、一支粉笔、一块黑板、几幅历史挂图等。现代化教学手段是指将各种电化教育器材和教材搬入课堂，作为直观教具应用于各学科教学领域。因利用其声、光、电等现代化科学技术辅助教学，又称为"电化教学"。

体育教学由于存在特殊性，与其他学科教学有很大的区别。正是由于这个区别，使很多先进的设备与仪器不可能在体育教学中得到很好的应用，如幻灯机、投影仪、录像机、电视机、电影机、计算机等，这些先进的设备在教学中的止步是一件遗憾的事，我们不得不借助其他的教学手段实施体育教学实践，如教师和优秀学生的示范与榜样、手把手式的教学等。有所失必有所得，体育教学赋予了教学手段的特殊性，也给予了体育教学生命力。

3. 体育教学策略

"教学策略"最早是从心理学概念中的"认知策略"演变而来的，1956年由布鲁纳提出并予以验证。此后又有人如加涅、梅耶、丹塞路等提出"学习策略"，并且各自都有关于学习策略的界定和实验证明，也在具体教与学活动中取得了突出的成效。

（1）体育教学策略特征。体育作为特殊学科，其教学策略也具有个性化，有以下几个独到特征：

①客观实际性。教学问题都是具体和客观存在的。在传统以灌输式为主的体育教学模式中，由于动作技术繁多，室外干扰因素多，学生身体素质较差等原因，体育教学中所遇到的问题和障碍很多。但体育教师往往熟视无睹，置教学问题和障碍不顾，只管灌输，不讲效果，或用一般的主观式的教法应付了事，泯灭了学生的主体性。提出体育教学策略的重要意义在于以学生为学习主体，以发挥学生主动性、能动性为核心，以在教学中产生的具体问题和障碍为客观目标，要求教师运用自身的教学策略去解决体育教学中的实际问题，使体育教学真正具有实效。

②灵活运用性。是指体育教学策略与所要解决的教学问题间的关系不是绝对的对应关系，同一策略可以解决不同的问题，不同策略也可以解决相同的问题。由于具体教学条件、环境条件、学生学习技术特点、素质特点、在教学中所面临的问题千差万别，因此每一问题的情境都是特殊而具体的。从判断问题、选择和运用方法技术到制订计划都要根据具体情况灵活运用，不能只凭经验和旧的模式去解决问题，当原有的方法、策略不适应新问题时，应在原有的基础上创造新的策略来消除障碍。

③目标指向性。它体现了体育教学策略的方向性功能。在教学中出现的障碍和问题是教学策略的目标，教学问题一旦消失或解决，教学策略也不复存在。在体育教学过程中，不论是学生学习态度、兴趣、情绪、接受知识技术等方面的障碍，还是管理组织上的混乱问题，体育教学策略总是针对每个环节，指向具体的教学目标和问题，制定对策，解决问题以达到理想的效果。因此，体育教师应当灵活运用教学策略，随时提取相应策略，也可随意转化策略，所有策略的制订、结束、转化都应以教学问题和障碍为准绳。

④操作实用性。任何教学策略都应根据教学目标中的具体要求，拟定环节与环节前后衔接的实施程序，并转化为教师外部动作，来实现和达到教学

目标。同时，该教学策略应具备实用性特点，能够真正产生效果并顺利解决问题，排除障碍。如在跳远教学中，学生不能产生足够的垂直速度而影响远度，针对以上问题，体育教师首先应向学生指明低重心起跳的错误动作，接着用正确的动作示范说明，然后体育教师应快速选择最有效实用的方法，以尽快解决问题，帮助学生纠正不良动作，建立正确的起跳动作概念。

（2）体育教学策略内容。

①体育教育策略。目标主要指叫学生在学习体育过程中产生的思想方面、心理方面、社会学方面的障碍。如学生不遵守教学纪律，违反教学常规，对体育课无兴趣，注意力不集中，思维不积极，情绪低落，或在练习过程中不与同伴合作，人际关系不和，不遵守体育规则、裁判等。针对以上问题或障碍，运用教育学、心理学、社会学原理、方法和手段等而采用的策略可以归为体育教育策略。

②体育知识、技术技能教学策略。目标主要指向传授体育知识或有关体育技术教学过程中产生的各种问题，也指在室内进行理论知识教学过程中产生的障碍。如对体育知识产生错误理解，体育概念不明确等问题。针对以上问题，运用运动技术形成规律、组织管理原理而采用的教学策略可归为体育技术、技能教学策略。

（二）体育教学思维方式

教学思维方式是指"师生关于教学存在的思维途径及其致思导向的理论概括，在思维中认识和构建教学活动的经验、知识、观念等要素的综合模式"。从功能上说，教学思维方式深刻地制约着师生关系对教学存在的选择、整理和评价过程。

1.体育教学思维方式的组成

结合体育教学活动的特殊性，体育教学思维方式的结构应由以下几个部分组成。

（1）体育教学思维目标。思维目标是指人作为主体，思维所要实现的目的和结果。从西方传统哲学思维的差异性来说，中国传统哲学，特别是传统儒家，把思维的目标重点锁定在"论道"，尤其是论做人之道上，所以道德的善是其要实现的首要目的。而西方哲学思维，自古希腊第一位哲学家开始，就具有知识理性的传统，他们主要的思维兴趣在于"求知"，把探索对象世界的客观真理作为教学思维的首要目的，这也是西方哲学与科学之间始终具有密切关联性的重要原因。由此，中西方两种不同的思维传统直接影响了教学过程中的思维目标，中国教育与教学的目标比较倾向于培养人的道德与境界，即把"育人"放在首位。在体育教学中，师生的思维目标除了包含掌握知识与技能之外，还十分重视品德的发展。

（2）体育教学思维定式。思维定式是指以思维能力为主体而长期形成的思维态势和惯性，它表现着思维有可能达到的深度和运作的态势。这种定式往往带有鲜明的群体性、民族性和地域性的特征，是一定地域条件下的民族、群体长期的思维传统的积淀。因此，思维定式是一种稳固的思维因素。对于每一个认识主体而言，这种因素不仅与自我实践经验有关，而且与其赖以存在的种族、群体的关系更为密切。实际生活中，人们都以某种独特的不自觉的习惯进行思维。

在体育教学过程中，这种思维的定式具体可表现在以下几个方面：

①体育教师的思维定式。体育教师的成长离不开高等教育专业培养与个人成长的过程与环境，这些环境直接影响并导致体育教师的个人特质，就思维态势和惯性来说，它隐含了培养环境与成长环境的各种要素沉淀。

②学生的思维定式。与教师的思维定式影响因素类似，学生也受着成长环境的影响、学校教育的影响，只是在时间上比教师要短一些。

③师生经磨合的共同思维定式。这种定式在体育教学过程中将起到重要的作用。教师独立的思维定式与学生独立的思维定式比较难以改变，但教学是双边的，体育教师接受一个班级之后，就必然在一个学期内或一年内，甚至几年内与同样的学生长期相处，这就需要一个相互碰撞、相互影响、相互磨合的过程，这个磨合过程的长短直接影响着教学的效果与质量。一个善于教学的教师必然很快摸清学生的思维，在此基础上结合自己的思维特点，形成一种比较一致的师生思维定式，这样师生就能心往一处想，劲儿往一处使，共同营造良好的氛围。

（3）体育教学思维策略。思维策略是指在一定思维定式的前提下选择的思维具体运作过程中的技巧、方法。它直接涉及思维的精细程度，表现为思维操作的具体方式、方法。用不同的方法从不同的角度和层面对某一问题进行思考、突破，对于认识结果的真伪及其程度具有不同的影响。例如，在对微观世界的认识过程中，表现在思维的技巧和方法上，用形象思维和抽象思维、宏观思辨和微观实证的不同方法进行认识，可以得出不同的结果。

在体育教学过程中，师生选择的思维策略是不同的，其维度也是多方面的。首先，每一个体育教师都有己独特的思维目标与思维定式，这些特征可以具体表现在各类教学计划的设计与规划上，也就是说，教师所呈现的各类课前准备的成果凝聚了体育教师的思维方式；还可以表现在课堂教学实施方面，如教法的安排、教学组织与管理、指导与反馈等；同时表现在课后的评价与反思方面。其次，就学生的角度而言，其思维策略也各有不同，表现为对于教师布置的任务与要求，学生的反应是不同的。有的学生努力实践、认真完成；有的学生应付了事、马马虎虎；更有的学生置之不理、我行我素。这些思维策略都是由他们的思维定式决定的。这就要求在体育课堂教学过程小，师生的思维定式要达成一致，形成一种师生之间较为一致的、比较协调的思维定式，才能产生比较相近的思维策略，进而产生教学思路与策略共赢的效果。

2. 体育教学思维方式的种类

体育教学思维方式应包含教师与学生的思维方式，由于教师与学生的思维目标、内容、策略等方面各有不同，且内容丰富多样，要分而述之难度很大，因此，在这里就师生思维方式共性的部分进行简要阐述。

（1）形象思维法。所谓形象思维，主要是指人们在认识世界的过程中，对事物表象进行取舍时形成的，只用直观形象的表象解决问题的思维方法。形象思维是在对形象信息传递的客观形象体系进行感受、储存的基础上，结合主观的认识和情感进行识别，并用一定的形式、手段和工具创造或描述形象的一种基本的思维形式。

首先，在体育教学活动中，形象思维非常普遍，身体的运动形态的展示对于学生而言就是一种形象呈现，学生需要感知这些直观的信息，进行形象思维。因此，体育教学过程最重视的思维就是形象思维，没有这种形象思维，运动技术就不可能传承，学生也不可能学会运动技能。其次，学生在基本认知运动过程、运动原理之后，在运动实践过程中，大部分还是依赖于自身运动的形象思维，有时还可以通过录像观看优秀运动员的视频来感知正确的形象等。当然，学生在进行形象思维的过程中也需要其他一些思维方式，如抽象思维等，因为人是一个综合的复杂有机体，任何一种行为方式都要依赖机体的综合效应。

（2）动作思维法。动作思维亦称直观动作思维。其基本特点是思维与动作不可分，离开了动作就不能思维。动作思维一般是在人类或个体发展的时期所具有的一种思维形式。成人的动作思维特别指向运动思维方式。动作思维的任务是与当前直接感知到的对象相联系，解决问题的思维方式不是依据表象与概念，而是依据当前地感知觉与实际操作，如儿童在掌握抽象数学概念之前，用手摆弄物体进行计算活动，就属于动作思维。成人在进行抽象思维时，有可也借助于具体动作的帮助。

体育教学活动与其他实践活动有着根本的不同。体育教学活动必须依赖形象思维与动作思维，没有动作思维的参与，学生的运动技能就不可能形成。因此，在教学过程中，体育教师在呈现动作示范等直观形象之后，必须进行运动动作的实践，开展积极的动作思维，这种思维必须依靠学生身体的本体感觉，因为不同的学生对不同一个运动形式的感觉是不同的，因此而产生的动作思维状态也截然不同。

（3）逆向思维法。所谓逆向思维法，就是为了实现创新过程中的某项目标，通过逆向思考，运用悖逆常规的逻辑推导和技术以实现创造发明的思维法。逆向思维是"思维倒转"，是一种克服思维定式、另辟蹊径的行之有效的创新思维法。逆向思维方式往往通过以下具体途径实施：功能型反转构思法、结构性反转构思法、因果关系反转构思法、缺点逆用构思法。

逆向思维与创新思维紧密相连，也是进行创新性思维的一种方式，在体育教学中运用较为广泛。若教师思维受阻，可以借助逆向思维法，进行反向思维，可能另辟蹊径。在体育课教学中利用体育活动培养学生的逆向思维素质也是体育教师的责任，是培养未来人才的要求。

（4）移植思维法。移植思维法是指把某一学科领域的科学概念或科学技术成果运用到其他领域从而导致创新的思维技法。移植思维法可以分为三类：科学概念的移植、技术手段的移植、技术功能的移植。

体育教学在某种程度上依赖于教育学科，而教育学则是综合了学校教育的各个学科的理论与成功经验。因此，体育教学思维方式与教育学的其他学科的思维方式具有一定的共性，体育教师可采用移植思维法借鉴其他学科的研究成果与思维模式，充分利用各种资源，实现学科互助、利益共赢。

（5）类比思维法。所谓类比思维法，就是借助两个或两类事物之间的某种相似关系，从一个或一类对象的已知属性推导出另一个或另一类对象对应的未知属性，从而提出创新的思维技法。

类比法在体育教学过程中的使用较为普遍，体育教师可以根据教材的性质、对先学内容与后学内容进行类比，特别是内容相近或类似的运动项目，在课前准备与课中实施中，要注意类比，比较它们的相同点与不同点，以防止运动技能之间的相互干扰现象，如体操中的山羊分腿腾跃以及蹲踞式跳远，如果两者之间学习时间安排太近，就会产生干扰现象，因为山羊分腿腾跃是双脚起跳的，而蹲踞式跳远是单脚起跳的，两者的起跳方式完全不同，因此，在安排教学内容时，要注意教材内容之间的关系。其次，在教学实践过程中，要了解学生前期所学内容，再结合教法重点突出起跳方式的练习，以防止学生运动技能之间的干扰。对于学生而言，也要注意类似思维，这包含两个方面的内容：一是通过类比同类教材内容的相同点，有利于运动迁移的产生，如跳远与跳高，其共同点是两者都是单脚起跳、两者的过程或环节是相同的、助跑与起跳衔接是重点等，不同点是助跑的弧线不同、起跳的用力方式不同等，这些特征对于先学跳高还是先学跳远会产生一定的作用，如能通过类比思维法，可产生有利影响。二是通过类比同类教材或不同教材的差异性，可以消除教材之间的干扰现象。

（6）想象思维法。想象，就是在已有知识和形象的基础上，发挥主观能动性，构思某些未知理论和形象的思维过程。想象思维的类型有再造性想象、创造性想象、幻想。想象思维的特点是：想象具有主观性、自觉性；想象具有新颖性、综合创新性；想象具有极大的自由度和超现实性；想象具有奇特的夸张性。

很多发明与创造都是在想象中产生的，体育活动中众多的运动项目、每一个运动项目的发展等都离不开人类思维的想象，如跳远从蹲踞式走到挺身式再到走步式，跳高从跨越式到俯卧式再到背越式，都是人类发挥想象思维的结果。当然这属于运动技术的创新与发明，一般教学过程中师生很难这样去做，也难以取得这样的成果。但是在体育教学过程中同样可以发挥想象空间，这是赋予任何人自由的、宽阔的、无限的思维空间，作为教学主体的师生可以在其间自由地翱翔。教师在他人经验与自身经历的基础上可以发挥自己的想象力，结合其他思维方式，发挥主观能动性，构思崭新的教学思路、教学设计、教学安排等，赋予教学活动强大的生命力；学生也可以在运动过程中发挥自己的想象力，体验运动乐趣，变换运动形式等，这些活动都为体育教学赋予了生命的气息。

以上体育教学思维方式仅仅代表一部分思维方式的内容，其他的思维方式还有很多，这里不再一一列举。在体育教学过程中，对于教师来说，培养良好的思维方式很重要，它是直接影响体育教学行为方式的一个重要因素，同时是开拓体育教师视野、进行教学创新、发展学生良好思维方式、提高教学质量的重要保障。

三、体育教学方式的结构体系

不同的分类标准会产生不同的分类结果，在此针对体育教学方式的分类进行划分，具体分为宏观、中观、微观三个层次。

（一）宏观层面的教学方式

宏观层面的教学方式是指在某种教育观念指导下的教学方式，常某种教学观念来进行命名。此类教学方式随着社会的发展而不断变化，与"生产方式"属于一个层面，是哲学层面的。它虽是动态的，但也具有一定的稳定性，因为它的发展与教育教学理论的发展一脉相承。比如，在行为主义学习理论指导下教学方式的教育观念强调"以教材为中心""以知识为中心""以学科为中心""以教师为中心"等，而在人文主义及建构主义学习理论指导下教学方式的教育观念则更强调"学生的发展为中心""学生的学为中心"。据此，宏观层面的教学方式主要是指"以教师为中心"的教学方式和"以学习者为中心"的教学方式，或称为"教为主的教学方式"和"学为主的教学方式"。

（二）中观层面的教学方式

中观层面的教学方式是指在宏观教学方式的指导思想之下，在课程实施的过程中，师生所表现出来的行为、思维方式、态度等，常以某种教学模式或教学风格来进行命名，如当今国际比较认同的教学模式——运动教育模式、合作学习教学模式、个人与社会责任教学模式、概念教学模式、运动主题教学模式、决策游戏教学模式等，中国常见的快乐体育教学模式、中国健康体育课程模式等。再如，基础教育课程改革过程中常常提及的"自主式、合作式、探究式"教学方式便属于此类教学方式。此类教学方式面向的是教学过程多个整体，它涉及教学过程的方方面面，具体表现为师生的行为方式与思维方式等。

（三）微观层面的教学方式

微观层面的教学方式主要是指在教学过程中教师与学生所使用的具体手段，也即狭义的教学方法，如两人结对、三人小组、分组对抗、提问、讨论、观察与倾听等。纵然，微观层面的教学方式渗透在教学活动的每时每刻，且对教学效果的提升、教学质量的提高起着重要的作用。

总之，基础教育课程改革所倡导的教学理念通过不同的方式强烈地"冲击"着教师的教学观念，但日常的体育教学活动依旧变化不大，教学质量的提高仍然乏力。造成这种局面的深层次原因之一便是人们对教学方式的认识、理解不到位，使得教学方式变革不能有效地推进。因此，为正确地认识与理解教学方式，厘清教学方式的内涵与外延、建构体育教学方式的结构体系、梳理国内外体育教学方式的发展脉络显得十分必要。

第三节　基于学生全面发展的体育教学方式构建

体育教学方式在宏观层面分为"以教为中心"的教学方式和"以学为中心"的教学方式，而基于学生全面发展的体育教学方式应是"以学为中心"。此类教学方式所承载的教学观念的引领下，体育教学能够突出"学生的主体性"，不仅注重学生对体育与健康基本知识、技能的掌握，而且关注学生对这些知识、技能的实际运用，关注学生的身心健康、自我发展以及社会责任与社交技能的发展。从我国体育教学方式的现状分析可知，当下我国体育教师的价值取向更侧重于学生的学习过程与学科精熟，体现为以学科本位为中心价值取向，在案例分析方面，教师看似运用了直接教授模式，但更多体现在"教"的"表演"上，缺乏教学效性和学习的有意义。为此，本研究尝试着建构基于学生全面发展的体育教学方式理论应体现"以学为中心"的理念，并注重"有意义"的有效性教学，以期能够为我国体育教学改革贡献一点力量。

一、基于学生全面发展的体育教学方式的理论基础及分类

（一）基于学生全面发展的体育教学方式的理论基础

本研究要在体育教学中促进学生的全面发展，突出强调教学"以学生的发展为中心"，所倡导的体育教学方式应以以下几个教学理论为基础。

1.建构主义理论的观点在"全面育人"中的体现

建构主义理论的主要观点为：①强调教学过程中学生以自我的方式对知识进行主动地建构，而非被动地接受教师传递的知识或技能。②学习应是一

个交流和合作的互动过程，而非单向的传递过程。这些观点不仅有助于强化学生学习的主动性、积极性，而且有利于培养学生的人际交往能力、沟通能力。由于同学之间个体的差异性，通过合作与互动交流，不仅能够培养学生对他人的尊重、包容、同时能够学会如何协作、富有责任感、学会在团队中共同解决问题的能力等。

2. 信息传播理论的观点在"全面育人"中的体现

信息传播理论强调的是如何将教学信息更有效地传递给学生。目前最有影响力的信息传播理论模型是拉斯韦尔的"5W"模式，即谁→说什么→通过什么渠道→对谁→取得什么效果。这一信息传播模式不仅可以单向传播，也可双向传播。

"5W模式"不仅彰显了教师、教学内容、教学媒体、学生、教学效果这些教学要素之间的关系，也为教师们进行教学设计提供了理论指导。布雷多克在此基础上发展了"7W"模式[1]，即增加了Why（为什么，即教学目的）和Where（什么情况下，即在何种教学环境下）两个要素，凸显了教学目标及教学环境在教学中的重要性。在教学设计时，若教师能够依据5W或7W模式，认真分析和加工教学内容、了解学情、充分利用各种教学媒体、明确教学目标，创设富有支持性的教学环境，其教学效果将不言而喻。

3. 社会认知理论的观点在"全面育人"中的体现

班杜拉作为社会认知理论的代表人物，他认为儿童通过观察他们生活中认为重要的行为而学得社会行为，如合作、竞争、攻击、尊重、关爱等。这些观察以心理表象或其他符号表征的形式储存在大脑中，来帮助他们模仿行为。其主要观点为：①个人、环境和行为是相互影响的。②知识的获得（学习）与基于知识的可观察的表现（行为表现）是两种不同的过程。学习者能否把习得的行为表现出来，取决于动机、兴趣、外在刺激、需求、生理状况、心理压力等多方面的因素。③学习分为参与性学习和替代性学习。参与性学习即"做中学"，替代性学习是通过观察别人而进行学习，这种学习没有外显的行为。如，通过一些视频学习运动中的安全保护，可为学生呈现一些因动作不规范、不按教师的指导进行学习导致的悲剧。这些危险性的以及学生无法亲自参与的技能，就没必要亲身体验。但学习复杂的技能一般要通过观察和参与实践才能学会，学习者要先观察他人解释并示范这些技能，然后进行大量的练习与实践，并从指导者那里获得反馈与激励。班杜拉认为有效的观

---

[1] 乌美娜，教学设计[M]. 高等教育出版社，1994:20-33.

察学习分为三个步骤：①学习者必须关注主要学习内容；②学习者必须记住这个行为；③学习者必须能够复制和实施这个行为。这些观点不仅为教师针对不同类型的体育与健康知识采用不同的学习方式提供了依据，同时也为培养学生社会责任、尊重他人、关心他人、学会与他人沟通等能力、调动学生的动机、激发学生的学习兴趣等提供了理论支点。

4. 多元智能理论的观点在"全面育人"中的体现

多元智能理论是由美国霍华德·加德纳（Gardner,Howard,1983）教授提出的，他将人类的智能划分为7类（语言智能、逻辑－数学智能、音乐智能、身体－动觉智能、空间智能、人际智能、自我认知智能）。

该理论认为每一个人都有与生俱来的强项智能与弱项智能之分，不同的人在解决问题或创新作品时组合这些智能的方式与特点是不同的，如俗话说"世界上没有两片相同的树叶"[①]，自然也不存在智能结构完全相同的两个人。判断某个人哪一种智能处于优势，并非看起考试成绩，而且依据其解决实际问题的能力及创新能力。加德纳认为在教学中教师应当致力于发展学生的优势智能，而非紧盯学生的弱势智能不放。教授同一个概念、知识点或技能点，可以针对不同的学生从不同的切入点来实现学生的真正理解。只要教师有坚定的信念，聚焦于目标，不断调整自己的方法，坚信每一个学生都能成功，每一个学生便能成功。这一理论为落实基础教育课程改革所倡导的"要注重个体差异""分层教学"提供了理论基础，同时，也使为学生的"成功"提供了可能，有利于调动学生的学习积极性和兴趣。

5. 最近发展区理论的观点在"全面育人"中的体现

最近发展区理论是由维果茨基提出的，他将"最近发展区"定义为"实际的发展水平与潜在的发展水平之间的差距"。[②] 前者由独立解决问题的能力而定；后者是指在成人的指导下或与更有能力的同伴合作时能够解决问题的能力。该理论为学生提供了发展的可能性，同时强调教学只有落在学生现有发展水平之前，才能调动学生学习的积极性和主动性，但不可太超前。由于学生的最近发展区是一个动态变化的，因此需要教师用发展的眼光看待学生的能力水平。运用最近发展区理论，不仅可以帮助教师加快教学进程，还可以充分调动学生的积极性，使学生拥有成就感，从而更有利于促进学生的全面发展。

---

① 钟祖荣, 伍芳辉. 多元智能理论解读[M]. 北京：开明出版社, 2003:37-39.
② 陈琦, 刘儒德. 当代教育心理学：第2版[M]. 北京：北京师范大学出版社, 2012:39.

6. 社会交往理论的观点在"全面育人"中的体现

具有代表性的社会交往理论是马克思"交往理论"、雅斯贝尔斯"交往理论",以及哈贝马斯的"沟通行动理论"。它们从不同的视角阐述了"交往"对人的全面发展及人际关系的形成所具有的影响。其中,马克思的交往理论从哲学的角度认为交往在促进个人自由全面发展方面具有独特的作用。雅思贝尔斯从"条件"的视角进行研究,他认为交往是一种精神交往,通过这种精神交往,自我与他人能形成一种"共生"的关系。而且这种交往由"主体性、语言和爱"三个要素构成,主体性是交往的主体条件,语言是交往的桥梁,而爱是交往的动机。哈贝马斯则从媒介的视角来研究,认为交往是人与人之间的相互作用,它以"语言或非语言"为媒介,将对话运到人与人之间的相互"理解"中。其中,相互理解是交往行动的核心,强调语言或非语言符号媒体的作用。无论是从何种视角来理解"交往",该理论均为有效推进教学这一双方互动的活动提供了理论依据,通过"交往",不仅有利于促进个人自由全面的发展,也会发展学生的情感,让学生学会"爱"与"理解"。[①]

7. 有意义学习理论的观点在"全面育人"中的体现

关于有意义学习,奥苏伯尔和罗杰斯有着不同的观点,但都强调教学要以"学生的学习为中心",进而促进学生学习的有意义性。奥苏伯尔所说的有意义学习(有意义接受学习)是与机械学习相对的,其实质在于以符号(语言文字及其符号)所代表的新知识与学习者认识结构中已有的适当观念,建立非人为性的和实质性的联系。罗杰斯则认为有意义学习即经验学习,与认知学习(颈部上发生的学习)相对。可见,二者对"有意义学习"理解的侧重点不同,前者强调新旧知识之间的联系,后者则强调所学内容与学生个人之间的关系。无论是何种角度,均对本研究的有意义学习均有支持之作用。我们认为有意义学习应根据知识的类型进行考虑,既应注重新旧知识之间的关联,注重学生知识结构平衡的重建,也应注重所学内容尽可能与学生的生活、学习、未来有联系,让学生意识到学习的意义与价值,进而激发和维持其学习动机和兴趣。

(二)基于学生全面发展的体育教学方式的分类

由于基于学生全面发展的体育教学方式是"以学为中心"的,应关注于

---

① 岳伟. 交往理论的教育意义探索[D]. 武汉:华中师范大学,2002.

"学生的学""学生的发展"。同时,不同类型的知识具有不同的学习心理机制,学生在学习不同类型的知识时采取的学习方式亦或学习风格也就不同,教师在教授不同类型的知识时也会根据学情、师情、校情而采用不同的教学方式。因此,在对基于学生全面发展的体育教学方式进行分类时,我们主要依据体育知识的类型以及学生的学习获取知识与技能的途径来进行。

1. 体育与健康课程知识的分类

(1)知识的分类。安德森(Anderson,1983)从信息加工的视角将知识分为陈述性知识、程序性知识、条件性知识。但在实际教学中,有些弱势知识却不容易被人重视。鉴于此,波兰尼提出了"显性知识"与"隐性知识"。尽管有些教师在教学中可能会忽略"隐性知识"的作用,不注重条件性知识的传授效,但这些知识是任何学科的教师都希望学生所拥有的。他们不仅希望学生掌握大量的基础知识和基本技能,掌握这些基于陈述性知识的程序性知识与条件性知识,更希望他们在日后的学习中、生活中、工作中能够有能力运用这些知识来应对各种各样问题。而基于学生全面发展的体育教学,不仅注重知识的传授,更加注重学生素养或者能力的全面提升。

(2)体育与健康知识的分类。关于体育与健康知识的分类,付晓蒙等人(2015)[1]通过对《中国大百科全书》中的体育知识条目进行分析,认为针对致力于终身体育锻炼的人而言,体育基础知识的分类为:运动项目知识、健康促进知识(如运动与身体机能、运动中的伤痛、运动对健康的影响等)、体育锻炼知识(如何科学进行锻炼、锻炼的方法与技巧等)、体育文史知识(体育名人等)。

李是[2]通过对小学体育与健康课程理论知识的内容进行调查,认为小学体育课教授的知识主要包括运动与技能、身体与健康、体育与道德相关的知识。而张建华[3]则将体育知识分为显性体育知识(体育理论知识、运动技术、运动战术、运动规则、运动学习方法和显性的自我知识等)和默会体育知识(基于运动知觉的、运动表象的、运动直觉的、运动经验的、人际交往的知识、隐性的自我知识等)。

---

[1] 付晓蒙,毛振明.中小学体育与健康知识教学巧容体系的研究:Ⅰ.通过《中国大百科全书》分析探讨体育知识量[J].首都体育学院学报,2015,27(1):50-54.

[2] 李是.小学体育与健康课程理论知识内容的体系构建研究[D].南京:南京师范大学,2014.

[3] 张建华.体育知识论[D].北京:北京师范大学,2009.

2. 学生获取知识与技能的途径

针对学习以上各类体育与健康知识并获得各种能力、素养的全面发展，约翰·D·布兰思福特提出了一个"人如何学习的知识图"[①]，详细描述了一个人可以通过哪些途径进行学习。

奥苏伯尔依据学生获取知识的途径将学习分为接受式学习和发现式学习，并认为无论是接受式学习还是发现式学习，均存在机械学习和有意义学习。关于两位学者的观点，本研究认为布兰斯福特对人是如何学习知识的描述较为全面，但划分标准不一。奥苏伯尔对学生获取知识途径的划分标准比较统一，主要是依据学生获得知识的来源来进行分类的。其中，接受式学习是指所学的知识来自他人的传授，所学习的内容是以定论的形式直接呈现的，而发现式学习则指所获得的知识是基于自我的发现，学习的内容多以问题的形式间接呈现。由于目前国际基础教育改革均在强调学生的主体性，注重学生学习能力、适应能力等的发展，本研究比较认可奥苏伯尔的学习分类。

3. 学生全面发展的体育教学方式的分类

基于奥苏伯尔的学习分类理论，结合 Mosston 教学风格的两大集群（再现型和发现型）以及体育与健康知识的分类，本研究将以学生全面发展为目的的体育教学方式分为三大类，即机械接受式教学方式、有意义接受式教学方式与有意义发现式教学方式。在当下排斥"机械学习"的背景下，本研究之所以提出机械接受式教学方式，是因为教学过程中可能会遇到为节约时间而让学生单纯依靠记忆学习某些知识的情景。在深化基础教育课程改革的过程中，虽然倡导有意学习、有效教学，但并不能否定"机械学习"的价值。要促进学生的全面发展，应注重各种教学方式的融合，而非认可其中之一，而否定其他。

基于当下我国体育教学方式侧重于"教师的教"，学生的被动式学习、机械学习，为弱化这一些现象，本研究仅对有意义接受式教学方式和有意义发现式教学方式进行探讨。之所以强调一定要是有意义的，是因为无论何种教学方式，均存在有意义的教学和无意文的教学，为确保教学能够促进学生的各能力、素养的发展，特别强调教学的有意义性、避免无意义或灌输式教学。

[①] [美]约翰·D·布兰思福特.人是如何学习的：大脑、心理、经验及学校[M].上海：华东师范大学出版社，2013.

（三）基于学生全面发展的体育教学方式的基本特征

体育教学不仅仅传授体育的知识与技能，还应在传授知识、技能的过程中，促进学生德育、智育、美育、群育的发展，进而使其成为一个全面发展的人，不再是"离开教师，便无所适从"的少年。如第五章所述，体育教学方式的构成要素包括师生与生生之间的关系，以及能够体现教学行为的教学基本要素，如所建构的教学环境、采用的教学组织形式、教学策略等方面。本研究认为，要促进学生的全面发展，无论是何种体育教学方式均应具备如下特征：

（1）教学理念应突出"以学生发展为中心"，转变"以教为主"的教学方式。各国的最新一次课程改革中均在强调要转变教学方式，即从"以知识为中心"向"以能力为中心"转变，从"以教师教为中心"向"以学生学为中心"转变。旨在重注学生的"全人发展"，关注学生在知识、能力、价值观、态度方面均衡发展的需要，促进学生学会学习、学会思考、学会生存，使其具备应对未来快速发展、充满挑战的社会所需的学习能力、协助能为、自我管理能力、沟通能力、批判性思考能力、解决问题能力等，使学生能够在德、智、体、美、群五育方面全面发展，成为积极主动、健康阳光、富有责任感的公民。

（2）师生关系应是平等、和谐、友好的、合作的。平等、和谐、友好的师生关系更有利于建设具有支持性的学习环境，但这一切均缘于教师对学生的注意、爱、关心与呵护。卢梭也说过："只有成为学生的知心朋友，才能做一名真正的教师。"许多名师的经验也证明，情满课堂，爱洒学生，关注学生精神生命的成长，才能焕发课堂教学的生命活力，使教学卓有成效。因为当学生感受到被接纳，当他们与同学和教师的关系是融洽的，当他们能够成为学习共同体中积极、活跃、可见的一员时，他们会学得最好。优秀的教师往往也善于在充满关心、包容、没有歧视和凝聚力的环境中培养学生积极的人际关系。

（3）教学环境应是安全、舒适、富有支持性。美国教育心理学家古诺特博士曾深情地说："在经历了若干年的教师工作之后，我得到了一个令人惶恐的结论：教育的成功和失败，'我'是决定性因素。我个人采用的方法和每天的情绪是造成学习气氛和情境的主因。身为教师，我具有极大的力量，能够让孩子们活得愉快或悲惨，我可以是制造痛苦的工具也可以是启发灵感的媒介,我能让人丢脸也能叫人开心,能伤人也能救人。"①古诺特博士一生的教学体悟充分说明了教学环境以及师生关系的重要性。安全舒适的教学环境能够让学生身也愉悦地参与到学习活动中,不会抗拒,不会抱怨,不会被罚做体能活动,有的只是会更加积极、主动和体验到学习的快乐与享受。

(4)教学组织形式应是多样的,避免整齐划一、刻板教条、循规蹈矩。形式乃某事物的样子和构造。教学的组织形式不仅仅是指教学时学生之间是以何种"结构"进行学习,即整班学习、几个人一个小组、单独一个人进行学习。还指教学活动所留给他人的整体外在形象。当今的体育教学留给人的整体印象是整齐划一、循规蹈矩、刻板教条,虽然有些教师也采用有小组学习、个人学习的形式,但给人的感觉是缺乏"活为和灵性",如集合时的"军人面貌",观察时的"中规中矩",热身时的一成不变的"关节操"等。基于学生全面发展的体育教学组织形式应是围绕"学生的学"灵活变通,集合时的组织形式当集中学生倾听教师讲解、示范的注意力为出发点,学生观察动作示范时应以"有效观察"为主,学生热身时应以"达到热身效果"为主,而不是给人"整齐""形聚神散""好看不中用"的感觉。

(5)教学策略应是有针对性的、高效的。学者们普遍认为制定教学实施策略主要依据教学目标、学习内容、学习者特点、相关的学习和教学理论、教师本身的条件、学校的客观条件等(徐英俊,2001;王丽娟,等,2003)。也有学者建议根据学生学习风格的不同选择不同的教学策略(赵志成,何碧瑜,2009;香港教育局,2014,Kolb, Rubin, & McIntyre,1871)本研究认为,无论是何种教学方式,应结合教学目标,有针对性地选择教学策略,教学策略包括教学方法的选择、教学内容的安排、教学媒体的运用、教学组织的设计等等,一切教学策略应以帮助学生更好地学习、促进学生德智体美群全面发展为核心、应具有针对性和高效性。同时,建议选择与教学目标相匹配的教学模式进行教学,以提高教学的效率。

二、基于学生全面发展的体育教学方式Ⅰ——有意义接受式

有不少教师认为,接受式教学就是教师讲解、示范,学生跟着模仿、练习,学生只需要按照教师的去做即可,但事实上,有意义的接受式体育教学方式并非如此。

---

① 余文森,刘冬岩.有效教学的基本策略[M].福建教育出版社,2013:160.

（一）有意义接受式教学方式的基本含义

人们常常将没有生机的、低效的教学归罪于接受式学习和讲授式教学，认为接受式教学为"填鸭式教学""传统式教学方式"，认为接受式的教学之中，教师是灌输式地、注入式地教，学生是机械地、被动地学。而这一切均缘于对接受式教学的误解。事实上，无论过去、现在、还是未来，凡是有组织地、高效地学习陈述性、程序性知识都无法完全抛弃接受式教学方式。因为在实际教学中，学生学的方式不是单一的，教师教的方式也不是单一的，具体采用何种教学方式，取决于学生的基础条件、所学的内容、教师的教学能力以及学校的客观情况，强调"以学为中心"的教学方式并非就应摒弃"接受式"教学方式。

本研究谈及的"有意义教学方式"应是以罗杰斯和奥苏泊尔的有意义学习理论为其核心理念。有意义的学习应是指学习者能对学习负责，能自我控制，选定学习目标并进行自我评价；对学习充满热情，愿意持续学习；知道如何转化知识并创造性地解决实际问题；善于协作学习或工作。它是一种学习者为主体、教师为主导的学习方式。只有学习者能真正展开有意义的学习，才有利于发展高阶能力，特别是高阶思维能力。Jonassen，David H 认为有意义的学习具有主动的、意图的、建构的、真实的和合作的五大特性。

结合对接受式学习和有意义学习的理解，本研究认为有意义接受式教学方式是指在教学过程中由教师或其他教学信息源向学生提供学习内容，并对学习内容进行科学的设计与安排，使其符合学生的认知需要，尽可能落在学生的最近发展区之内，充分利用各种教学媒体，营造让学生感到关爱、安全、舒适的教学环境，充分调动学生的学习积极性和主动性，使其能够在自己原有的知识结构基础上，主动地利用这些知识与技能，重新建构自己的知识结构，进而让新建构的知识结构成为其认知事物、分析问题、解决问题、发明创造的工具的一种教学方式。其教学观念符合我国基础教育课程改革所倡导的"学生主动参与"的观念。在此，本研究特别强调只要信息源来自他人（非信息受众本人），而非信息的受众自我发现，此类教学均属于接受式教学，且注重启发式的接受式教学。

（二）有意义接受式教学方式的应用范围

有意义接受式教学方式的本质是教学过程中学生主要是通过"接受"的

方式来获取知识与技能。该方式主要适用于"陈述性知识"与"程序性知识",对应体育与健康课程中的运动常识、运动项目的名称与规则、健康促进的知识、基本运动技能等相关知识与技能。对于这些不需要花更多时间去发现和探究的知识与技能,运用接受式教学方式具有明显的优势。

基于有意义接受式教学方式对与学习陈述性知识与程序性知识的优势,它不仅有利于学生掌握系统的知识和基本的运动技能,而且能够加快学生的学习速度,培养学生基本的逻辑推理能力、增强学生的体能水平、提升学生的健康意识水平,化及培养学生学会倾听、观察、模仿和思考的意识与习惯。

(三)有意义接受式教学方式的基本特征

1. 学生为社会经验的接受者和内化者

教育作为社会经验传递的系统,学生作为这一经验传递系统中的要素,应是经验的受众。但学生学习的接受性特征不是人为规定的,是由经验传递系统的整体特征以及学生在送个系统中所处的地位和职能所决定的。作为接受者,不应是被动地接受,而是主动地把教学内容加以内化,将其结合进自己已有的知识结构之中。"接受"仅是学生获取知识的途径。

2. 教师为教学活动的决策者,学生学习的主导者和引导者

接受式教学中非常突出教师的主导作用,无论是教学目标的确定、教学内容的呈现、教学组织形式以及教学策略的选择、教学时间的安排、交流的方式、授课的地点、教学的评价等都有教师决定,学生则对教师所有的决策作出回应。教师在最突出的角色便是为学生提供承载教学内容的教学材料。但要促使学习有意义,则需教师担任学生学习的引导者、鼓励者、帮助者的角色,不断地给学生以反馈、鼓励、支持与帮助,学生才能更主动、更积极地投入到学习活动之中,才能在最短的时间内以最快的速度掌握学习内容。

3. 除教师自身外,可借助多种教学媒体形式帮助学生理解相关内容

根据信息传播理论的原理,关于这一教学材料如何呈现,人们常常认为,应有教师亲自呈现、示范或解说,根据信息传播理论,教学媒介作为教学信息传播的载体,教师可以依靠自我这一媒体进行传播教学信息,也可借助其他媒介,如视频、音频、图片、PPT,或其他网络平台。因为在未来,学习绝不会是按照一本给定的教科书、一门科目或课程,以同样的顺序或步调进行,而是有数千种不同的组合。

4.师生之间是一种交互主体的互动关系,生生之间是平等的

有意义接受式教学方式中的师生关系并非仅是"施教——受教"的关系,而是一种交互主体的互动关系。此关系的确立是基于胡塞尔(E. Husserl)的"交互主体论"。胡塞尔认为各类人格主体在日常生活中进行着生动的、充满"人格主义态度"的交往期间具有决定意义的性质是交互主体性。交互主体性主要是指主体间的互识(如何相识与相互理解)与共识(如何共同理解某一件事物)[1]。此理论应用在教学领域,便形成了师生关系的交互主体观。有意义接受式教学方式中,师生在教学过程中处于同样平等的主体地位,相互之间是一种民主、自由、互动的关系。这种主体性教育思想,不仅重新鉴定了接受学习中教师的地位和作用,也明确地指出师生之间正是通过相互作用实现知识结构的同化和重构。但接受式教学中生生之间的关系是统一性、评定性和较少依赖性。

5.教学组织形式非单一的班级授课方式,可多样化

通常认为,接受式教学的组织形式为班级授课的方式。实则不然,只要所学内容来源于教师或其他人亦或教师提供的学习材料,而非通过学生自身去探究、去发现,无论采取班级授课的方式还是小组活动的形式,均属于接受式教学。也并非所有的决策权都是教师所有,也可给学生适当的机会与空间,化他们学会自己选择,自我管理。譬如,将所要学习的内容以任务单的形式给予呈现,让学生以个人的形式或小组的形式按照任务单来进行学习,练习的顺序及内容可以根据自己的需要进行选择。如此一来,学生不仅能快速将教师所教的内容进行内化,而且给了学生自我内化的机会与空间,给了学生之间互动和相互帮忙的计划,促进了学生之间的交流与沟通,也使课堂活跃起来。

6.教学策略应充分考虑"现行组织者""最近发展区"等关键要素

一个人的感知觉,特别是视觉、听觉、触觉和运动觉不仅对其运动的发展有着极大的影响,而且对其运动技能的学习同样具有很大的影响。若体育教师能够对人类动作发展一般历程有清晰的认识,能够把握学生动作发展和体能发展的"关键期"和"敏感期",他便能更有逻辑、系统和有序地教授学生动作技能,发展学生的体能素质。同时,也才能够为学生提供适宜的"先行组织者",使其能够在"最近发展区"内发展。

---

[1] 孙发利.交互主体论与主体性教学模式建构[J].延安大学学报(社会科学版), 2001, 23(3):84-87.

（四）有意义接受式教学方式实施的基本要求

由于接受式体育教学方式很容易被人理解为和实践为灌输式、机械式、被动的学习，为避免接受式教学方式变为有意义的、低效的教学，在实施接受式教学方式时，为确保产生有意义的学习行为，应遵守下基本要求。

1.使学习内容对学生具有潜在的意义

依据奥苏泊尔的有意义学习，只有当学生能将新的知识与自己认知结构中原有的相关知识建立起实质性联系，学习才变得有意义。只有新旧知识建立联系，学生才能真正地理解新知识。据此，要求学习内容有"意义"并非指内容本身有意义，而是指对学生已有的认知结构而言有意义。要实现学习内容具有潜在的意义，可将所学的内容进行逐步分化，遵循循序渐进的原则、序列组织的原则、巩固性原则、综合贯通的原则，使所学内容具有逻辑性和系统性，进而使学生的大脑中具有潜在的、有可被同化的知识。但在体育教学中，这种系统性和循序渐进性往往被教师忽略，如有些教师在安排教学计划时，在同一个单元内进行跳跃式（篮球——跳远——50米——篮球——实心球）的安排内容。

2.确保学生具有意义学习的心向

有意义学习的也向即学习者把所学知识与认知结构中原有的适当观念加以联系的倾向性，反映了学习者本人积极主动学习的态度和方法，也就是说要充分调动学生的学习动机。只有学生愿意学习，渴望认知、理解和掌握知识，学习才有意义，学习才主动的，而不是被动的、机械的。奥苏泊尔认为每一个学生学习的成就动机均包含认知内驱力、自我增强驱力、附属内驱力三种成分，其比重受各方面因素的影响。学生学习的也向受其学习动机的影响，而动机除了受学习结果的影响外，还受身也发展以及社会文化诸因素的影响。教师要确保学生拥有有意文学习的也向，需要认识、控制和调节这些影响因素，是学生始终保持良好的学习动机，进而使其积极地面对学习，并采取合理、科学的学习方法，方能确保接受式学习有意义。但在实际教学中学习要有意义往往被许多体育教师所忽略，如每节课都安排学生绕着操场蛙跳和走鸭子步，将体育课上成体能课，这既不符合体育教学的"教学"目标，也不利于调动学生的学习积极性。

3.建立平等、融洽的师生关系，营造积极的教学氛围

接受学习的过程实际上是教师与学生之间在认知、情感和行为等方面进行动态交互的过程。学习质量的高低不仅取决于教师的专业知识、语言表

达和教学的方法技能，更取决于师生之间形成的互动。师生间的互动不仅体现了师生之间的关系是否和谐，而且体现了学习氛围是否具有支持性和积极性。良好的师生关系和融洽的学习氛围，不仅能激发学生的学习热情，促进学生的积极性、主动性和创造性，提供学习效率，也是班级团结与凝聚力的基础，更有助于学生思想、情感、价值观、社会交往等方面的发展。应避免营造"师道尊严、安分守己、严加管束"的氛围，因为在这样的氛围中，学生将被培养成为听话、顺从的"好学生"，不仅使其丧失了自主性和独立性，也妨碍了个性的自由和自主的发展，全面发展更无从谈起。

三、基于学生全面发展的体育教学方式 II——有意义发现式

教学的终极目标是帮助学生成为独立、自律的学习者。体育与健康课程的所有知识与技能并非完全能通过定论的形式向学生传递，如条件性知识（策略型知识），及复杂的程序性知识等，均需要学生通过自我的体验、去探索、去发现，进而自我构建自己的社会经验，而且引导学生主动探究学习是对人的主体性的充分发挥。

（一）有意义发现式教学方式的基本含义

发现式学习的主要倡导者是美国著名教育心理学家布鲁纳。他认为，发现不限于那种寻求人类尚未知晓之事物的行为。发现包括用自己的头脑亲自获得知识的一切形式。发现式教学是让学生在自由轻松的气氛下，藉由教师提供充分但尚未组织好的信息给学生，让学生主动地去发现这些知识与技能之间的相互关系，进一步理解知识结构，并发展探究巧思维的一种教学方式。在发现式教学中，学生的主要任务不是接受和记住现成的知识，而是参与知识的发现过程，主动地学习，使自己具有解决问题的能力并知道如何去学习；教师的主要任务不是向学生传授现成的知识与技能，而是为学生发现知识创造条件和提供帮助。发现式学习强调学习过程、直觉思维、内在动机与信息提取，它的基本过程是：先由教师创设情境，使学生在这种情境中产生矛盾，从而进行积极、主动的思考，提出要解决的问题设想，然后经过分析和操作等过程，对学习对象进行加工，最后从中归纳出结论，并用它来解决新问题。

本研究认为发现式教学是教学生如何去思考，如何运用所学的知识与技能解决学习、生活中遇到的问题，在体育与健康课程中，发现式教学应是教

会学生如何运用所学的知识与技能。

（二）有意义发现式教学方式的应用范畴

有意义发现式教学方式的本质是教学过程中学生主要是通过"发现"的方式获取知识与技能。该方式主要适用于"程序性知识"与"条件性知识"，对应体育与健康课程中复杂运动技术、战术以及游戏规则的运用、制定健身计划、选择健身方式方法等知识与技能。对于这些需要花时间去尝试、去探索、去发现、去体悟的知识与技能，运用发现式教学方式具有明显的优势。

基于有意义发现式体育教学方式对与学习程序性知识与条件性知识、默会性知识的优势，它不仅有利于学生的思考能力，而且能够培养学生独立自主的能力、发现问题、分析问题、解决问题的能力，学会为自己负责，学生的好奇心、进取心、归纳的能力、逻辑推理能力、综合运用能力、批判性思考能力等。但并非发现式学习都有意义，要使其有意义，教师必须根据需要，综合考虑各种教学要素选择适宜的发现式教学方法，同时为学生创设一个能真诚、坦诚地交流沟通的课堂教学环境，否则很难实现有意义的发现式教学。

（三）有意义发现式教学方式的基本特征

1. 学生为学习活动的决策者和知识技能的发现者

发现式教学方式旨在帮助学生去更好地运用呈现性知识与理解策略性知识，因此在学习的过程中，让学生逐渐减少对教师的依赖，自己去尝试、去理解、去发现、去运用，才能够更好地在运动情景中运用运动技能，执行战术策略。

2. 教师为教学活动的引导者、材料的提供者，引导学生走向正确的方向

发现式教学虽然强调的是让学生通过发现、探索去获取知识，但也离不开教师的指导与帮助，因为大部分中小学生还不具备自我学习、自我发现、探究及解决问题的能力，在学习的过程中需要教师帮助学生学会学习，引导学生积极探索，注意培养学生独立学习的能力，自己主动地去获取知识。同时要对学生多一些耐心、多一些理解、多一些包容，进而建构平等的合作学习伙伴关系。

3. 教学组织更多的是以小组和个人学习的形式展开

发现式教学虽然也有班级同学一起跟随教师的提问一步一步去发现正确的答案，但更多情境中是强调个人与小组的探究与发现活动，通过个人活动、小姐活动更能够激发学生的学习兴趣和拥有私人内化的空间。但在具体教学中该采取何种形式，还需要根据教学的即时情境进行选择。

4. 教学策略重注"问题"和"情境"的设计

布鲁纳的"发现教学"追本溯源是由杜威的"问题教学"发展而来的。因而，从本质上看，问题既是发现式学习活动的起始和契机，也是将发现式学习活动引向深入的关键，没有问题就谈不上发现。因此，体育教学过程中，教学策略的应用应围绕问题进行设计，同时任何问题的提出都需要一定的情景做铺垫。

（四）发现式教学方式实施的基本要求

并非所有的发现式教学都是有意义的，为避免无意义教学的出现，教师在实施发现式体育教学方式时应遵守以下基本要求。

1. 应为学生准备充分、适当的学习资源和提供多种获取信息的途径

在发现式教学过程中，教师给学生的引导起着非常关键的作用。因为学生的"发现"是在教师的指导下完成的，这就要求教师对教学进行精心的设计，使得能引导学生进行积极思维。并给予及时的提示解决问题的思路，对不同的学生情况，给出合适的帮助信息。发现式学习对资源的需求量很大，教师需要储备尽可能全面的相关信息（任务单、自评量表、核检表、标准卡等）以及提供可能获取信息的多种途径（如书单、相关网站、健身APP、体育公众号等），也可以建设资料库，让学习者通过对材料库的各种资料的检索进行学习，由于材料库内容能满足各种学习者的要求，故能保证达到教学目标的要求。

2. 要逐渐赋权给学生

赋权给学生，让他们可以在体育活动的环境中自行作出决策并加以执行。因为发现式教学方式重在让学生去体验、去探索，如果教师一味地掌控课堂的节奏，很难保证学生有足够的时间和安全的环境去探索、去发现、去理解。如个人与社会责任教学模式、战术游戏教学模式，只有在教学过程中，给学生机会让其做出相应的行动决策，才能够发展他们的责任意识、团队意识、才有机会去执行相应的战术、策略。只有给学生决策的权利，他才能够真正地体验到为自己的行为负责,也才能够发展学生分析问题、解决问题、处理冲突、设计方案、深层次的逻辑思维等能为。

3. 要注重培养学生进行发现式学习的相关技能

目前我国的学生主要是以接受式来进行学习,而且缺乏主动性,教师说什么就是什么,教师说的均是对的,学生在学习过程中缺乏主动性和反思意识。因此,要实施发现式教学方式,应注重培养学生的思考能力、分析问题的能力、与他人沟通的技能、运用假设与对照的技能等,引导并帮助学生尝试着去发现问题、分解问题、解决问题,让其体会到发现、探索的乐趣,逐渐让其自由而独立地思考、发挥其想象力,独自或与他人一起解决问题,发展其逻辑思维能力、技战术的应用能力等。

4. 要给学生留有足够的时间,鼓励学生积极思考和探索

发现式学习是以学生为主体的,使用"让我运用自己的头脑想想看""让我设身处地再试一试"送样的语句鼓励学生,培养思考的习惯和态度。这样就能使学生活跃起来,运用他们自身的能力去思考问题并获得成功。只有给学生留有足够的时间,而不是在督促中完成任务,他们就会在也理上感到安全。而且学生只有在安全、富有支持性的教学环境中,才能够更好地练习、学习正面行为和发展丰富的决策习惯。

5. 要确保师生之间的沟通流畅、关系和谐

发现式教学方式的核心、是师生之间的平等对话,除了在教学过程中教师包容学生、理解学生、关也爱护学生,乐意倾听和接纳学生的观点外,还应做到视情况而定的果断、永远的公平、说到做到等有利于师生之间沟通,赢得学生信任,建立友好关系的行为。而这一切又是以教师能够清楚、直接、诚实且一致地表达自己为基础,只有这样才能让学生了解在教学过程中自己可以做什么决定,能够解决什么问题,及在解决问题的过程中有什么资源可借助等等,否则就向学生传递出混淆不清的信号使其在发现知识的过程中感动"无助"和产生挫折感。

第四节　基于学生全面发展的体育教学模式构建

一、基于学生全面发展的体育教学模式

(一) 直接教学模式

直接教学模式虽与当下人们理解的直接教学方法（或称讲授法）（即以"教师的讲"和"学生的做"为主要特征的教学模式）极为相似，但其本质又是不同的。正如 Bamnann 所说，直接教学模式至少具备三个特点方可称为直接教学模式，即显性指导、积极主动地教学和教师的直接指导教学。Rosenshine（1983）认为直接教学模式是教师控制决策和教师主导的学生参与模式。在这个模式中，教师会有一套清晰的学习目标，向学生呈现所需的运动技能和概念，然后组织学生进行分段进行练习，并在学生练习时提供高频率的强化反馈和鼓励。学生只有很少的决策，大多只需跟随教师的指令进行学习，在教师提问给予应答。这一教学模式的目的是充分利用课堂时间和教学资源，进而促进学生高效率地进行任务学习和练习技能。该模式的本质是为学生提供尽可能多的有教师指导的实践，以便于教师可以随时观察学生的实践情况，并及时地给予积极性反馈和纠正反馈。

在直接教学模式中，教师往往通过完成一系列规定性的操作技能来促进学生的学业成绩（Rosenshine，1983）。

在这个模式中，教师是教学内容和教学决策的主要资源，在教学活动的计划与实施中扮演领导的角色，而学生必须对学习任务有一个清晰的理解，并通过循序渐进地完成每一个小任务，最终获得大量的和越来越复杂的知识与技能的学习结果。虽然教师在此模式中扮演领导者的角色，但不是独裁主义者，因为他为学习和内容进展设置一定的结构，是为了让学生在知识架构中受益，并在学习过程中消除不必要的尝试和错误。作为体育教学做常用的教学模式，其目标与学科教学目标是一致的，因为它的优先发展目标领域顺序通常为技能学习——认知学习——情感学习，尽管在学习运动技能相关的规则和概念时，认知领域的学习将会处于最高优先级别。

（二）合作学习教学模式

盛群力根据奥苏贝尔的知识学习分类构建的合作学习的四大新型策略体系，即帮助—接受型合作学习、帮助发现型合作学习、协同—接受型合作学习、协同—发现型合作学习。[①] 这四种新型的合作学习策略本身并无优劣之分，它们只是根据实施合作学习的不同目标定位和主客观条件，在不同的时段选择不同的切入口而形成的不同模型。虽说帮助型合作学习较适宜于复述和理解教材内容、培养"双基"，但根据学习的路径不同，与有意义接受式教学方式观念相匹配的应属帮助——接受型合作学习与协同——接受型合作学习，但无论这四种学习方式符合哪种教学方式，均是以学习者为中心，目的都是促使学生在合作学习中建构意义，发展交往与合作能力。

与有意义接受式教学方式中帮助——接受型合作学习与协同——接受型合作学习相对应的是帮助——发现型合作学习与协同——发现型合作学习，此类教学模式适宜于程序性知识与策略性知识。通过此模式的教学能够发展学生的社会交往技能、分析问题、解决问题的能力、领导力、合作能力与交流沟通能力、创新思维能力等。

（三）运动教育模式

Siedentop 认为，运动教育模式对于课程和教学都有着深远的意义，它既是一种课程模式，也是一种教学模式。作为教学模式，它的诉求是能够透过直接教学、合作小组活动以及同伴教学来达到最佳的成果（Siedentop, 1998），其最终目的是为培养出称职、有素养且热也的运动员（Siedentop, 1994）。虽然说它是为了培养"运动员"，此运动员并非职业运动员，而是让学生通过参与运动教育模式来体验作为一名运动员应该具备哪些素质，并不断地去学习、去提高，该模式适合于所有教学与学习运动的综合方案中。

运动教育模式的基本框架是从组织性运动联盟的常用模式中改变出来的。因此，它的目的旨在让学生通过参加这样的一个类似于职业联赛的联赛活动，让他知晓要组织一项运动联赛，需要具备什么条件？有哪些工作或事物必须去完成？联赛中各个角色需要具备的技能和素质有哪些？等等，并通过参与联赛活动，去体验各种角色，去准备各种角色所需要的知识、技能与素养，从事使其提升运动技能、战术理解与运用的水平。而且在参与的过程

---

① 盛群力，郑淑贞. 合作学习设计[M]. 杭州：浙江教育出版社，2006:110.

中，他们会担任各种不同的角色，这为他们提供了更深、宽广以及更正面的教育性运动经验。由于运动教育模式强调的是培养称职、有素养且热心的运动员，必然要求参与的学生能够具备比赛所需的足够技能，了解并执行运用于赛事复杂性的战术；知识丰富、了解并重视规则、利益及运动的传统，并且能区分出运动练习的好坏；通过参与和行动去维持保证和提升运动文化。事实上，参与运动教育模式的学生，主要是通过运动教育模式的几个特征，来发展学生对相应的技能与体能的理解，提升他们对运动中策略战术的执行能力、培养他们的领导力、规则意识以及团队合作能为、处理矛盾冲突的能力、决策能力、责任意识、角色意识以及对裁判、训练以及判决知识的掌握等。而且这些效果已有相关研究得以证实，如 Wallhead 和 Sullivan（2005）研究发现，参与运动教育模式的学生，具有强大的团队凝聚力、良好的运动行为、比赛执行能力、领导力、负责度，以及广泛的参与度（不论在技能、性别或是经验上）。同时，也有研究表明，相对于接受式教学而言，学生更倾向于运动教育模式，在这个模式教学过程中，学生会重视改善团队成员之间的情谊，学生会享受运动教育中同伴的教学，也很享受他们在义务工作中应负的责任。

（四）个人与社会责任教学模式

虽然个人与社会责任教学模式的提出最初是为了帮助具有危险性的青年能够为自己的发展和幸福肩负更多的责任，并为他人的幸福做出一定的贡献，但是它适用于所有的学生。通过此教学模式，可以让学生通过体育活动这个媒介认识自身的不足，并在教师的辅导、引导之下，不断地进行完善和提高。不仅做到在体育活动中能够做到尊重他人、自我管理、和平地解决冲突、积极参与、独立完成任务、敢于挑战困难、具有同理也、乐意帮助他人，而且能够将在体育课堂上的表现迁移到课堂之外的课余活动及家庭生活之中。

已有研究表明（Hellison and Walsh, 2002），在体育教学中运用个人与社会责任教学模式，能够促进学生在自制、努力帮助他人、自我价值、自我引导、团队合作与沟通技巧等关键学习领域中取得进步，能够促进学生问题解决技能的提升，变得更关心他人，更有自信和队友，建设性评论的接受程度也比较高。同时也表明，在这种教学模式中所学到的自制、努力与自尊等特性可以被转换到其他环境中；个人与社会责任程度越高的学生越喜欢体育课（Li 等人，2008）。该模式定义了四大教学主题，分别是整合、迁移、赋权、师生关系，其中师生关系是核心。整合强调的是个人与社会责任的培养要与身体练习活动相融合，不能隔离。迁移强调的是尽可能让学生在体育课堂上所获的责任感能迁移到校内外及其他社区活动中。赋权是指给学生进行自我决策的权利，让其学会为自己的决定负责。师生关系是指要让师生之间的互动建立在经验、诚实、信任与沟通的基础之上，逐渐形成平等的合作伙伴。同时，Hellison 认为采用此模式进行教学，每堂课应包括五个要件，即：①关系时间。课前或课后与学生的私人互动，表达教师对学生的关也，但与所学内容无关。②有意对话。标识教学的正式开始，让学生知道教师的要求化及所学内容的重点等。③练习活动。核心、环节，借助各种身体活动练习发展学生的个人与社会责任。④小组讨论。一般在课的结束，旨在让学生通过回顾来检验自己的学习成效或为下节课做准备。⑤自我反省。在小组讨论之后，给每一个人评价自己在课中的决策及行为，也给学生为自己设定新目标的机会。

（五）战术游戏教学模式

战术游戏教学模式旨在改变学生不愿意重复练习比赛中的动作技能的状况，而巧妙地运用学生对游戏、比赛的兴趣，促进胜任游戏或比赛所需的技能与战术知识。在战术游戏教学模式中，教师规划一连串类似游戏或比赛结构的学习课题，以发展学生的技战术，并导向调整过的或完整的比赛形式。该模式的核也是战术、操作比赛与比赛情景所学策略与技巧的结合。

战术游戏模式是一连串、有程序的发展适宜性游戏或比赛或类似于比赛的学习活动（游戏形式）为基础，这些比赛的重点是学生要解决的战术性问题。首先是认知上的问题，其次才是透过熟练动作技巧操作的执行解决技巧问题。教师会藉由决定进行比赛所需的最关键战术作为开始，这些关键战术会成为各教学单元的内容清单，接着教师会在各战术领域中设计出一系列的学习活动。各领域中的第一项学习活动都会是游戏形式，从简单的游戏形式开始，然后逐渐增加复杂程度，教师会在每场游戏形式期间分析学生的战术知识与能力。确认学生理解度的落差以及需要练习的技巧，然后教师再根据要让学生留在运动形式中，还是继续在练习结构中的技巧，要依照模式的设计加以使用，教师应尽可能合并游戏形式的结构，将焦点维持在技巧的战术应用上。

目前，关于战术游戏教学模式的应用研究比较少，但是它的优势却是不言而喻的。它不仅能够提升学生在进行身体活动时展现所需动作技能与动作模式的能力，不仅能够促进学生对动作概念、原则、策略与战术的理解，并使其运用在身体活动的学习与操作上，而且能够在活动的环境下学会尊重自己、与他人，表现出富有责任感的个人与社会行为。同时，也有研究表明，接受战术游戏模式的学生，在最佳位置与决策等两个方面的表现具有显著效果，而且，在呈现性知识与比赛决策方面有较多的进步。

Griffin 等人认为战术游戏教学模式之所以能够发挥以上的功效，是因为它基于三大基本原理：①是学生对比赛与游戏形式的兴趣或兴奋，会成为模式主要任务结构中的积极动机。②知识就是赋权。学生对游戏所增加的理解能让他们成为运动的佼佼者，从而减少他们在参与决策方面对教师的依赖。③学生可以将关于前一场比赛中的理解力与操作，转移到下一场适合同理解力与操作的比赛。

二、中学生拓展训练教学模式构建

（一）以激发学生主体能动性的学习型拓展训练教学模式

这是一个类型多变、概念广泛的体育教学模式，传统体育教学也注重这一模式的构建，但是效果差强人意。这一模式的实施首先要避免教师的过多介入，而是应当尊重学生的主体地位和学习的自发性。随着素质教育的不断深入，新课程改革中将教师的地位逐渐向课堂的组织者、学生自主学习能力引导者、课程的开发与实施者转变，学生也不再是被动学习，而是在教师的指导下，调动内在的学习动机，主动参与学习，充分发挥学生的主观能动性去进行思考和策划。在教案设计时应当留有空白，给学生自由发挥的机会，让学生真正参与到课堂的设计中来，这不但可以培养学生学习的积极性和主动性，还能够促进教师与学生之间的交流。在模式实施的结构过程上，一定要让学生参与到每一个教学环节中来，教学形式灵活多样，教学内容具有选择性，如可以让学生自行选择教学内容并进行准备活动、在一定程度上选择训练的方法和进度；还可以让学生组织上课，让学生在互相配合中明白如何引导他人、反省自己，进一步激发学生的自主性，培养学生的策划能力、组织能力，通过角色的互换，了解彼此的世界。

（二）以培养学生终身体育意识为目标的拓展训练教学模式

终身体育意识的培养是在长期的生活中，通过参与体育锻炼而受到潜移默化的影响而形成的学习过程，这是一个持续不断地长期的过程，不可能在短时间内就有所成效。这一教学模式的实施，要做好长期性的准备工作，循序渐进对学生进行影响，操之过急反而会使学生产生抵触心理。在体育教学的过程的，应该充分利用引人入胜的故事情节导入，帮助学生尽早进入角色，通过活动的开展，激发学生的兴趣，这是形成终身体育观念的第一步。其次，促进和巩固学生对体育锻炼的态度，培养学生的体育素养，这是今后能够促进学生持续、积极参与体育运动的内在动力。这一教学模式可以与其他教学模式相互影响，相互作用，这就是这种模式的价值所在。

（三）以掌握运动技能为主要目标的拓展训练教学模式

传统的体育教学以学生掌握运动技能为主，而拓展训练目标广泛，但是对运动技能的训练却很少。这种模式需要借鉴传统体育教学的运动项目，将其采用拓展训练的形式实施，教学的单元计划也要以某一项运动技能为主线，按照青少年身心发展的变化规律来设计教学过程，通过合理的改造，赋予体育教学内容以丰富的趣味性和娱乐性，是学生能够系统地掌握知识技能，提高技术水平和能力，同时又能体验乐趣的一种教学策略。教学的指导思想主要侧重于从游戏中掌握运动技能，在快乐体验的同时完成教学任务。这种学习型教学模式的教学程序区别于其他模式，在课程的开始部分需要教师引导学生产生兴趣，通过讲解示范让学生练习体验，最后通过游戏去加强体验结果。该种模式需要教师具有较高的运动技能水平和较强的指导能力，本模式的难点是运动技能的掌握是一个较为枯燥的学习过程，但重点是要让学生在体验到游戏乐趣的同时掌握技能，这种模式就要充分发挥教师的主导作用，兼顾好各种因素。

（四）以熔炼团队为主要目标的拓展训练教学模式

团队的熔炼是拓展训练一种显著的特征，以熔炼团队为主要目标的集体主义拓展训练教学模式是指，在体育教学过程中，以学生之间相互协作、情感交流和经验分享作为教学的主导方式，通过设计一些有难度、有目标、有能够达成的教学目标，以小组的形式进行队伍的编排，队员之间相互协作，找出方法通过克服困难，加深学生之间情感的交流，从而高质量地完成教学任务的学习策略。这种教学模式要注重教学过程和教学结果的评价，主要是为了能够使学生在不断的学习中主动地与同伴交流自己的心得体会，学会分享经验，通过合理的方式表达自己的情绪体验，提高自己的交往能力和乐于助人的精神。

第五章　中学体育教学引入拓展训练的实施

第一节　我国中学拓展训练实施现状与制约因素

一、中学实施拓展训练的现状

（一）缺少自主锻炼的氛围

在现行的教育体制与社会发展的双重影响下，家长对学校的要求越来越高，而学校对学生的要求就是能够保证完成紧张的课程计划的同时，能够满足家长的要求。过分注重学生的科学文化知识的学习，导致学生的心理生理发展的不健全，家长也只是有意识地为孩子在未来的学业能够取得成功努力的创造条件，在完成学校功课的同时，让孩子在课余时间报名各种补习班。长时间处于紧张压力下的学生，身心健康水平每况愈下而受不到缓解。再加上，素质教育下的体育考试只是一种目的性较强的形式制度，体育成绩测评结果一般都差不多。久而久之，学生就产生了一种懒惰心理，容易忽视体育锻炼，这就为学生各种生理、心理疾病的产生创造了条件。

（二）缺少冒险与挑战的经历

现阶段的体育教学，往往都是按照传统模式进行，授课内容虽然比较安全，但是枯燥无味、缺乏吸引力。许多体育老师都不愿意组织学生进行带有危险性或者有可能导致危险的挑战性体育活动。因为现如今，大多数家庭只有一个孩子，对孩子的关注以及关心比以往更加强烈，来自家庭的各长辈都希望孩子能够在自己的视线范围内活动。在体育课堂上如果出现意外，体育老师将会受到社会各方面的责备，甚至被提起诉讼。有些学校或明或暗的要求体育老师不要组织任何带有危险的活动项目，甚至在学校管理纪律上也对学生的各种行为多加限制，预防发生意外。这样可以保证学生不会受到外界的伤害，但难免会让学生刻板地遵守学校的教条，失去青春期该有的活力与健康，总是沉溺于学习之中，当面对困难或者环境的改变时，没有勇气去克服解决困难的勇气，心理素质低、抵抗能力差、缺乏自信、意志力薄弱等。

（三）生活在局限的生活环境中

面临中考、高考的中学生，"三点一线"式的学习方式，让学生的生活环境处在局限的范围内，家庭、学校、补习班成了他们生活的全部，即便在假期，他们也不得不面临大量的家庭作业，不是呆在家里就是在补习班。单调而乏味的生活使他们养成了孤立、自私、情感淡漠、情绪波动较大等不良情绪。他们缺少与人沟通，也不能按时进行体育锻炼，这些都不利于学生身心的成长。这种单调枯燥的生活学习环境不但不会引起学生学习的兴趣，反之会让他们产生消极的情绪，这怎么保证处于青春期的中学生能够健康成长呢？在重重的压力之下，学生的身心必将受到扭曲，甚至出现无法挽回的问题。如何引导学生缓解自身压力，塑造人格品质，培养出富有创造力和激情的青年一代是国家未来教育发展与改革的重点。

以北京为例，现开设拓展训练的中学很少有正规而且完善的教学大纲，更遑论其他省市。2019年9月，笔者对多所中学的教学主管部门联系，经调查得知，几所学校的教学大纲中，并没有将拓展训练引入中学教学的计划，通过对体育教师的谈话了解，虽然拓展训练项目基本普及，但还是有个别教师在进行体育教学中没有加入一些拓展训练的项目，也没有系统的教学方案，训练内容也只是单纯地引入，并没有加以改进。

二、中学实施拓展训练的制约因素

课程体系不健全、训练目标不明确、师资力量薄弱、教学设施匮乏等都是阻碍拓展训练在学校实施的重要因素。

（一）中学体育拓展训练课程体系不健全

我国实施拓展训练课程的高校少之又少，因此实施拓展训练课程对中学来说就更具一定的难度。体育课程本身就是养成学生开朗个性、友爱互助、坚韧不拔精神的一门课程。在中学体育教学大纲里，我们常见到的是篮球、乒乓球、羽毛球等传统的体育课程，教学过程枯燥乏味，很少看到有关提高学生社会能力方面的教学，虽然现在国家教育部已经开始鼓励学校开展体育拓展训练课程，市场上也出现了很多版本的拓展训练教材，但却并没有在学校中得到推广实施，其中也没有具体的针对不同年龄阶段的学生进行不同的教学体系，因此课程体系的不健全是开展拓展训练课首先要解决的问题。

（二）学校教学中开设拓展训练的目标不明确

拓展训练最早引入国内多用于企事业单位的人员培训，学校引入较少，有关学校的参考教学更是不多。我国的学者在有关学校拓展训练的文章中也大多着重与学校实施拓展训练的可行性、必要性等内容进行研究，对于学校教学中拓展训练的目标少有人提及。传统体育教学的主要目标是传授知识，使学生掌握一定的技能。提高学生生存能力、团结能力，沟通能力都是拓展训练对学生社会能力的培养，因此可以用作训练课的目标，有了目标才有前进的动力，必须要明确拓展训练的目标才能进一步推动学校教学开设拓展训练课程。

（三）中学拓展训练课程师资力量薄弱

为了确保拓展训练切实有效的完成，教师不但要有过硬的专业素质水平，还应具备处理突发事件、细致观察周围环境，及时做出应对措施的反应及管理能力。我国学校实施拓展训练的教学时间尚短，对拓展训练的实施还属于探索阶段，教师对拓展训练的了解不多，能够组织学生进行拓展训练教学的教师更是少之又少。但是，我国中学体育教师大多进行过专业的体育专业知识以及技能的培训，这为拓展训练的实施提供的必需具备的专业素质，所以，再将拓展训练引入中学教学计划的同时，应对中学体育教师进行相关的技能培训。

（四）中学开展拓展训练课程的教学设施匮乏

拓展训练的课程主要由野外、场地和室内三类训练课程组成，野外课程包括钢铁意志、登山攀岩、毕业墙、高空跳伞、扎竹筏、自由翱翔、远足露营、户外生存技能等；场地课程可以是在专门的训练场地上，也可以充分利用空余的场地，结合各种训练设施进行组织训练，如诺亚方舟、美丽景观、建高楼、高架绳网、信任背摔、跨越断桥等；室内课程以智力为主，可以针对团队建设、逻辑思维、观察能力、领导能力、沟通能力等方面的提高进行规划，如交换名字、初次见面、穿衣服、肢体语言、囊中失物、数字传递。对学校而言，特别是中小学，要开设该课程，教学设施就成了一大难题。要解决这一问题，首先要解决财力问题，当地教育部门可以联合当地学校建立一个共有的训练基地，并合理分配使用时间，保证课程顺利实施。另外，拓展训练基地的主要目的是为了保证本校学生拓展训练课程教学，但也可适当考虑服务于社会，对社会开放，同时也缓解基地本身的运行成本。

（五）学校及家长对拓展训练的认识不足，实施存在误区

中学教育看中的是学校的升学率，大部分学校依旧认为体育课程无关紧要，学生在校期间提高学习成绩是最重要的，体育课上不上都无所谓，其他科目的老师霸占体育课已成为普遍现象，这就又成为开设拓展训练课程的一大阻碍。另外，现在的学生大部分是家里的独子，父母对孩子的活动存在一定的危险意识，他们对拓展训练的认识局限于户外训练上，训练也是以户外活动能够为主，他们认为拓展训练具备一定的风险性，对拓展训练的实施不能积极地响应，甚至采取消极处理的态度。

第二节 中学体育教学引入拓展训练的可行性

在探究中学体育教学引入拓展训练的可行性之前，首先要明确其引入的意义与必要性，唯有科学合理，能够产生最大价值，才会广受欢迎；在此基础上谈论是否可行，才更有实际意义，不至于似空中楼阁，毫无基础。

一、中学体育教学引入拓展训练的重要意义

长久以来，教育曾一度被人简化为"学校教育"，这种界定将教育的概念过于片面，让人们对教育的意义产生了误解，而且，教育的资源也大多集中在学校之间共享，尤其是体育教育的教学，社会对此接触较少，更容易被忽略。当今社会，经济性运动项目被广为接受，在中学体育教学中推广，如田径、球类等。体育课程的实施场地以学校为主，浪费了自然的社会资源。素质教育的开发与实施就是为了顺应社会发展的长期要求，让全体学生都能够得到全面的发展，造就社会需要的人才。作为一种新的教育手段和教学形式，拓展训练有其独特的优越性。体育教学的目的就是在提高学生的身心健康水平的基础上能够培养全面发展的人，而拓展训练的目标本质上与其有着异曲同工之处。拓展训练就是使体育回归原始的形态，与学习自然的融合，这就要求教师能够改变传统体育教学中简单、单向的"教"，而是使学生能够在各种拓展项目的参与的同时积极主动地"学"，让学生与大自然的活跃气氛充分接触，体验集体合作，增强团队精神。使学生学习和掌握一整套增进与保持健康的科学方法和技能，在活跃的气氛中充分接触自然、体验集体协作力，增强团队精神。拓展训练能够让学生体会到自己身处学习的"主人"这一主体地位，主动去学习、参与、体验并吸收，充分体验到学习其实也是一种充满娱乐性的事。这种"先行后知"培养模式受到社会各界的认可，是以引入拓展训练不仅符合课程改革的发展趋势，而且还丰富和完善学校体育教育的课程体制。当前，大部分学校的教育理念都是"学习第一"，大部分中学生也完全沉浸在这个理念中，用通俗的话来讲就是"除了学习什么都不会"，在与人交往、处理事故、团结合作等方面的能力几乎为零，成了所谓的"书呆子"。拓展训练的实施，能够在学校要求的基础训练的基础上，提高中学生的综合素质水平。拓展训练遵循体育新课程标准中"健康第一"

的指导思想，激发学生们充分的自主学习动力，帮助学生发觉自己的潜力、磨炼自己的意志力，同时增强了学生的自身品质，从而让学生在活跃的教学环境中，与大自然充分接触，体验集体协作力，增强学生的团队精神建设。

（一）有助于发挥学生的主体作用

传统的中学体育教学主要是体育教师对理论性的体育知识进行讲解，对体育动作进行标准示范，然后由学生进行重复性的练习，体育教学的趣味性比较差，学生发挥的主体作用不佳。在传统的体育课堂中，教师更容易成为课堂的主体，学生在课堂上难以发挥主观能动性，大部分时间都是由教师进行讲解与演示，学生的活动时间比较有限。

拓展训练活动可以有效提高学生的体育课堂参与度，把大部分的课堂时间留给学生，让学生增强体育课堂的参与感与收获感，更加有利于学生在体育课堂上发挥主体作用。拓展训练要求学生投入体育活动中，在训练中不断提升自身的体育协调性，从而有助于学生在体育课堂将自身的主动性发挥出来。

（二）有助于学生的心理健康建设

拓展训练不仅可以应用到中学体育教学中，还能对学生的心理建设起到十分积极的影响。在实践中，素质拓展活动在企业的人力资源管理中发挥着增强组织凝聚力，集体荣誉感等积极作用。同样，在中学体育教学中引入拓展训练可以在无形中帮助中学生进行心理健康建设。随着社会发展与生活节奏的加快，中学生在学习生活中也面临着一定的压力，体育运动自身也起到了释放学生身心压力的作用。多种多样的拓展训练，可以锻炼学生的综合，有助于增进班级集体荣誉感与凝聚力，培养学生的团队精神。此外，拓展训练还有助于学生形成积极健康的心理，树立崇高的体育精神，在强化身体的同时对心理建设起到积极的作用。

（三）有助于提升学生的综合

传统的中学体育教学内容比较单一，教学的实践性不够强，对学生各方面能力的培养还有待提高。在中学体育教学中引入拓展训练有助于培养学生的综合，开阔学生的视野，陶冶学生的情操。一方面，引入拓展教育可以拓展中学体育教学内容，更新教学方法，营造更加轻松愉快的教学环境；另一方面，通过拓展训练，可以让学生避免机械性地练习体育技能，转变为更主动地探索如何掌握一项体育技能。拓展训练在训练学生体育技能的同时还能够对学生的协调组织能力、沟通交流能力、相互合作能力进行一定的锻炼。拓展训练能够帮助学生从固化的体育学习思维中解放出来，逃离说教、演示、重复模仿的死循环，在体育课堂上发挥出更大的创造性。

二、拓展训练引入中学体育课堂的必要性

（一）社会发展需要

当今社会日新月异，社会分工也越来越细，对人才的要求也越来越高，首先要求学生有良好的身体和心理以及良好的意志品质迎接未来的挑战。当代中学生由于学校及家庭的种种压力，所暴露出的心理问题已经相当普遍，学生在各种学校关系上的失调以及各种类型的社会生活发生障碍而引起的问题日渐增多，在中学生中如独生子女问题、自杀现象、读书无用论等，学生的价值取向体现出了巨大的差异性。这种问题的出现不利于社会的进步，甚至会在若干年后影响社会的和谐发展，社会急需一种有效的教育手段来培养学生们的协作意识、提高学生的心理，促进学生的个体社会化。拓展训练在我国企业培训的过程中，在完善自我观念上发挥出了巨大作用，成为当代中学生心理教育的重要手段之选。在一些一线城市中，很多中学都已经将拓展训练引入了教学体系中，或者利用课余时间在校外拓展培训机构进行拓展训练，或者在学校体育课堂中引入拓展训练，从而突破了体育课程长期以来的格局，不仅增强体育课程实效性和趣味性，而且丰富了体育课程体系。内部的一些城市也在这种大趋势下积极的探索将拓展训练引入中学校园的方法和途径。在这种大环境之下，中学学校将拓展训练引入体育课堂将是一个必然的趋势。

（二）学生发展的需要

学生在学校、班级中同样是个小型社会，在社会中生活的人均应有归属感，应找到自己所属的群体，这样才能健康、自信地成长。一个班级就像一个大家庭，每个成员都希望能够在家庭中体会到温暖。拓展训练的很多活动都能够让学生产生这种感觉，像信任背摔，当从背摔台上倒到集体的怀抱时

都会有一种归属感,虽然台下的队员承受着巨大的冲击力,但仍旧会坚定不移的接住台上的队员,台下的同样也能体会到责任的重要性,接住台上的队员也是一种奉献精神,背摔台下的支架一般有五组,第三四组承受的冲撞力最大,有的团队力量大的人不多,只能有力量大的几个人接住全队的伙伴,在其他队员看来也许很想去帮忙可是能力不足。这也侧面反映出要想取得别人的信任首先也要培养自己的能力。

美国教育学家杜威说:"尊重的欲望是人类天性最深刻的冲动。"这句话也告诉我们,学生对尊重的需要来源于天性,每个学生都希望自己被重视和认可,人的尊严感,是基本人格的核心和基石是一个人形成健全人格的原始动力。用宽容的心态维护、开发和培养学生尊严感才能达到培养人、发展人的目的。可是现实当中的教师与学生之间往往会忽略学生的这种需要,学生之间往往会唯我独尊,认为自己是对的,忽略其他学生的感受,不会换位思考。教师对的学生也较多,可能做不到尊重每个学生,由于学生学习技能以及表现不一,教师有时可能会采取批评与惩罚的方法来进行管理。中学学生的叛逆心理也比较强,容易形成恶性循环。拓展训练尊重每个学生的需要。更多的是鼓励、关注每一个学生,就像断桥项目一样,每个学生在断桥上不敢跳的时候没有其他学生会在下面给他嘲笑,因为经历过的人都知道上去确实很恐怖,更多的是给予鼓励。这样学生也能够感受到团队意识和被尊重。

(三)体育课程改革的需要

体育与健康课程是以增进学生身心健康,培养良好的社会适应能力为主要目的的基础性课程,对促进学生的全面发展和培养适应时代发展的新型人才有重要的意义,体育与健康课程把三维健康教育观:身体健康、身体健康和良好的社会适应作为课程教学的宗旨,在增强学生体质的同时,更加注重智力、德育因素的培养。而以往的体育课就只有"体育"两个字,其实施过程中更多只是针对体育技能的学习,教学大纲中规定了各个年级具体的教学内容和要求。教师根据大纲要求传授体育技能,然后指导练习,最后进行考核和评价,这种教学不太重视学生的心理健康和社会适应能力以及心理的培养,新的课本题目则是"体育与健康",它不仅包含了身体健康而且包含了心理健康,学生正成为体育课堂学习的主人,其身体、心理和社会适应能力也随之不断得到提高。从拓展训练的课程来看,其体系以及教学模式非常适合课改后对学生心理健康和社会适应方面的提高作用。能够从多方面提高学生的综合能力,帮助学生树立良好的思想和心理品质,提高人际交往能力和合作能力,形成积极进取,乐观开朗的生活态度。所以,拓展训练打破了以往传统的教学模式,同时综合了情景教学、小团体教学、探究式教学、成功教学等多种教学模式,随着教育改革的进一步深化,拓展训练将会在体育教学中发挥更大的作用。

三、中学体育教学引入拓展训练的可行性

(一) 拓展训练与体育教学的联系角度

1. 拓展训练与体育教学具有相似性

拓展训练与中学体育教学具有相似的教育目标,都能够在帮助学生强身健体的同时培养学生沟通交流、团队合作等综合能力。在体育教学中,教师要关注学生的自身身体条件,根据学生对体育技能的掌握情况安排教学。同样在拓展训练中,也要充分考虑现实情况,选择学生易于接受的、乐于参与的拓展训练活动。拓展训练与体育教学都比较关注学生的实践能力,

对理论知识的要求有所降低。在中学体育教学实践中引入拓展训练具有一定的基础和条件,还能在一定程度上调剂中学体育课堂的教学氛围,起到热场、活跃气氛的良好作用。

2. 拓展训练与体育教学具有兼容性

在拓展训练和体育教学中,都需要学生参与其中,每位学生都需要集中注意力参与到整个活动中去。在进行具体的体育技能训练的时候,可以开展相关的拓展训练,活跃现场气氛,激发学生的活力。拓展活动中同样可以涉及诸多的体育技能教学,让学生在拓展活动中对所学的体育技能进行更加灵活的运用。因此,在体育技能训练和体能训练方面,拓展训练和体育教学具有兼容性。教师要巧用既有条件开展拓展训练,如组织"巧渡沼泽地"活动,将学生分成人数相等的若干组,假设篮球场是一片沼泽地,每组有两个垫子,要让学生充分发挥想象力,每个小队分别思考怎样运用器材集体到达对岸(要求脚不着地),以先后达到顺序来判定胜负。

3. 拓展训练与体育教学具有互补性

拓展训练与体育教学具有不同的特点,拓展活动更加注重对学生综合能力的培养,中学体育教学的主要目标是为了教授体育技能。拓展训练与体育

教学各有侧重，又可以进行互补。在中学体育教学中引入拓展可以让学生将理论与实践进行更好的结合，寓教于乐，让学生更好地融入课堂教学之中。单纯的体育教学的趣味性不足，相比之下拓展训练具有一定的趣味性，能够吸引学生全身心投入体育课堂中，体会活动的乐趣所在。

（二）社会客观角度

1.政策支持、多数学校领导关注体育教学

《国家中长期教育改革和发展规划纲要（2010—2020年）》明确要求，要充分发挥学生的主动性，把促进学生健康成长作为学校一切工作的出发点和落脚点。关心每个学生，促进每个学生主动地、生动活泼地发展，尊重教育规律和学生身心发展规律，为每个学生提供适合的教育。[①]《国务院办公厅关于新时代推进普通中学育人方式改革的指导意见》国办发〔2019〕29号要求，普通中学要发展教育，遵循教育规律，围绕凝聚人心、完善人格、开发人力、培育人才、造福人民的工作目标，深化育人关键环节和重点领域改革，坚决扭转片面应试教育倾向，切实提高育人水平，为学生适应社会生活、接受高等教育和未来职业发展打好基础，努力培养德智体美劳全面发展的社会主义建设者和接班人。[②]一系列政策的颁布实施，都在强调要以学生为本，坚持通过教育促进学生全面发展，为广大教育工作者指明了工作方向，为教学内容的完善改革确立了航标，也为体育教学课程的改革树立了导向。

各级教育主管部门特别是学校领导对体育教学的重视程度，直接影响体育教学工作的开展。随着社会的进步，人们对健康的重视程度越来越看重，家长也不再单纯地追求子女的学习成绩，更多地考虑学生的综合发展，为此学校领导也对体育教学重新进行了审视和定位，开始全面关心学生的综合，根据教师问卷中对学校领导是否关注体育教学工作情况的评价可以客观反映目前的现状。

2.有满足拓展训练教学的场地和器材

拓展训练分为场地拓展训练、高空拓展训练和野外拓展训练。提到拓展训练，大家脑海里可能闪现出的是攀岩、越野、漂流、冲浪、射击等精彩刺激的活动，认为参与过程中自己需要全副武装，各种保障措施到位，医疗救

---

① 中华人民共和国教育部.国家中长期教育改革和发展规划纲要（2010—2020年）[Z].
② 国务院办公厅.国务院办公厅关于新时代推进普通中学育人方式改革的指导意见国办发〔2019〕29号[Z].

护、后勤保障随时待命，这其实是对拓展训练片面的认识，由于中学学生所处的年龄段和学校教学的要求，这些挑战性的项目并不适于处于中学年龄段的学生参与，这就要求体育教师在设置拓展训练项目时要因地制宜，选择学生适于并且学校可以开展的项目。比如，场地项目对场地设施器材的要求比较低，很多项目仅仅需要十几平方米就可以操作。例如，高一、高二、高三推荐的项目中，信任背摔仅需要一个高的台子，穿越电网可以在两棵树之间用玻璃绳编制简易电网，目标市场只需要一根长米的绳子和的数字卡片，风雨同路人只需要部分眼罩。这些项目都能够获得很好的效果。高空类项目一般无法在学校中进行，但可以用信任背摔这种中低空项目代替，也能起到一定的作用。有条件的学校也可考虑组织一到两天的专业户外拓展活动。学校也可拿出部分资金建造一些拓展装置供学生使用，如毕业墙这个项目就能够起到很好的作用，而且建设起来花费也不大。一般学校经费足以购买这些器材，因为所有学校都有室外场地，加之使用的器材可以自制和购买，完全能够完成拓展训练的很多项目，所以只要学校鼓励开展拓展训练，大多数学校在场地和器材方面均可满足需求。

总的来说，大部分项目所需的器材在操作中并不难，学校可以自制或者用一部分经费购买，对于较难的高空项目各个学校可以根据实际情况选择性进行。

3. 有可供培养的师资群体

拓展训练中，拓展项目本身所包含的内容或者学生自己的亲身经历能够起到很好的教育作用。作为拓展训练教练，首先要有强健的体魄，这是拓展训练大多在户外进行的性质所决定的；其次，熟练掌握专业的户外设配，明确拓展训练项目的项目目标和项目规则；最后，拓展教师要有引导学生在回顾环节去提升自己的能力，这是一个拓展教师所必须具备的能力，直接决定了课程目标完成的效果；同时，也是教对拓展教师要求中最难达到的一部分，因为这部分内容要求拓展教师具有丰富的专业知识，如心理学、管理学、组织行为学等。同时，拓展师需要具有敏锐的观察能力、表达能力、沟通能力、控场能力等。综上所述，拓展训练课和体育常规课程在教学目的和手段上有许多相似之处，体育课的准备活动和拓展训练的破冰相似，体育课的练习、组织实施阶段相当于项目操作阶段，体育课的总结相当于拓展训练的总结与回顾。

现在处于一线教学岗位的体育教师大多具有本科及以上学历，但存在一个突出问题就是教龄普遍较短，正基于此，多数教师迫切希望自身的能力得到进一步的提升，他们均接受过正规的高等教育，接受新鲜事物的能力较强，这为拓展训练师资的培养提供了基础。加之长时间的体育课使教师具有很好的表达能力、沟通能力和控场能力，只要进行培训，一般的体育教师都能担任此课程的教学任务。另外，各中学体育骨干教师在进行课程改革培训时，就包括拓展训练的内容，同时领导对拓展训练的认识与重视为学校开展拓展训练课提供了师资上的保障。通过调查发现，从事拓展训练的从业人员中大部分由体育教师组成，有少部分为心理学、人力资源管理学等专业特长，这部分培训师多由中学辅导员组成，还有一部分为户外运动爱好者、退役军人等。

在拓展训练中，教师"教"的角色进一步淡化，学生是真正的主体，教师是活动的设计者、监督员，目前调查的体育教师绝大多数具有本科以上学历，对心理学、教育学、管理学有一定的了解，这些基础较好的体育教师经过专业的培训以后，基本都能胜任拓展训练的教学任务，这为拓展训练的开展提供了师资基础。

从以上内容来看，体育教师和拓展教师的特点决定了体育教师通过系统的培训能够胜任培训师的工作。

4. 安全风险相对较低

综合考量普通高级中学在校生的身体、心理以及学校的器材场地配套保障等因素发现，可以在中学开展的拓展训练项目大部分都是危险系数相对较低的地面项目，但不可否认的是安全风险确实存在，教师一定要综合考虑，尽可能地设置操作性强、危险系数低、参与人员广的拓展项目。项目开展整个过程都要将安全放在第一位，使安全警钟在每名参与者心中长鸣。

拓展训练项目较其他常规运动项目安全风险系数低，但我们不可麻痹大意，基于拓展训练活动的特殊性，人为因素是整个拓展训练开展过程中的关键所在，这恰恰又是最容易出现安全漏洞的环节。组织者要细化安全分工，制定详细的安全风险预案，提高安全保护措施，最大程度地降低风险系数，推动拓展训练在学校科学开展。

5. 教学模式较为成熟

拓展训练自传入我国以来，受到了一些中学和企事业单位的青睐，长期从事拓展训练的学者经过二十多年的研究，形成了许多拓展训练的教学模式，也在实践教学中得到了检验和完善。通过查阅资料对比分析，北京中学钱永健教授的教学模式比较有代表性并具有很高的参考价值，钱永健教授作为中国学校拓展训练最早的研究者、实践者、带头人,有丰富的一线教学经验,他在《拓展训练》一书中对教学模式进行了细化分析,认为拓展训练作为一种有设计的体验学习,其课程模式从结构上可以分为课前设计、课程实施和课后应用。以上三部分可以细化分为八个具体环节:前期分析、课程设计、场景布置、挑战体验、分享回顾、引导总结、提升心智、改变行为。拓展训练是一项严谨的科学活动,不是简单意义上的玩乐,以上八个细化环节环环相扣、循序渐进,这些学者的科学研究,都为拓展训练引入学校提供了借鉴依据。在此尤为强调的是,今后的拓展训练课程中,重点要从后四个环节给予重视,通过回顾、总结、提升,最终使学生达到改变行为的目的。

(三)师生主观角度

1.多数师生希望学校开展拓展训练课程

师生对拓展训练引入学校的呼声较高。大多数教师迫切需要掌握学生的各方面能力以及心理健康状态,大多数学生希望自己的综合能力得到提升,而拓展训练教学的开展,教师能在活动过程中,进一步直观地了解学生的协作、沟通、应变和思维等能力,还能反映出一些学生的心理健康问题,学生能够在繁重的学业压力下,通过积极地参与拓展训练,进一步放松身心压力,提升自身能力,这些都是在平时的教学过程中无法发现的。因此,开展拓展训练符合大多数师生意愿和需求。

2.高趣味性便于学生接纳

拓展训练是一项严谨的科学课程,由于其寓教于乐,需要全体成员的共同努力,所以兼具游戏的高趣味性,所有项目均以体能为基础,并且兼具一定的难度和挑战性。活动开展前,教师讲清项目的内容、目的、要求以及安全事项,活动中一般不再指导,也不参与相关讨论,学生根据预设的目标,充分发挥自身的主体地位和主观能动性,通过不懈努力克服重重困难实现预定的目标,不仅能够吸取力量和信息,还能够展示自身的个性。由于没有固定的思维和标准答案,学生能体会到发自内心的胜利感、自豪感和归属感,获得难得的自身体验。特别是在课程回顾环节,教师给予学生一定的提示,学生通过谈论、反思达到自我教育的目的,这些喜闻乐见的活动形式,使学生在游戏中将自身的能力得以提升,更容易令学生接纳,因此有助于推广普及。

（四）可行性分析总结

从拓展训练与体育课程的关联性来看，拓展训练与体育课程各方面并不冲突，两者在目标、内容、评价上保持一定的一致性，但是体育课程并不能替代拓展训练，拓展训练给予传统体育课程一定的补充作用：在教学目标上，拓展训练更注重心理和社会适应性的目标，并提供了可实现的操作空间；在教学过程中，拓展训练淡化了老师的"教"，更加突出了学生的主体地位；在评价上，真正意义上实现了学生的自评，丰富了体育课程的评价结构。

从各方面基础保障来看，拓展训练所需要的基础设施、师资力量、安全保障并非难事，很多地区中学早已开展，为今后开展工作提供经验。

从各方面的意愿来看，拓展训练得到了校领导和学生家长的普遍支持；另外，拓展训练的开展还满足了学生和老师的需求，因此拓展训练融入中学体育课程符合了所有参与者的意愿。

综上所述，拓展训练的开展符合中学师生意愿和需求；符合时代发展的需求；符合我国教育的要求。因此，拓展培训在中学的开展是可行的。

第三节　中学体育教学引入拓展训练具体应用

具体问题具体分析，中学体育教学引入拓展训练的理论知识介绍的已经很详备了，付诸于实践才是真正发挥拓展训练价值的行为，中学体育课包括篮球、足球、田径等多种运动项目，在此结合几种运动项目，阐发拓展训练在中学体育教学中的具体应用方式与途径，提供参考，更便于践行。

一、中学篮球教学引入拓展训练

篮球教学和拓展项目有很多类似的地方，拓展项目在项目开始之前都会有一些热身活动，与我们的篮球课程在上课前的一些热身活动有异曲同工之处。

拓展项目的四个环节如下：

（1）团队热身。在培训开始时，团队热身活动将有助于加深学员之间的相互了解，消除紧张，建立团队，以便轻松愉悦地投入到各项培训活动中去。

（2）个人项目。本着心理挑战最大、体能冒险最小的原则设计，每项活动对受训者的心理承受力都是一次极大的考验。

（3）团队项目。团队项目以改善受训者的合作意识和受训集体的团队精神为目标，通过复杂而艰巨的活动项目，促进学员之间的相互信任、理解、默契和配合。

（4）回顾总结。回顾将帮助学员消化、整理、提升训练中的体验，以便达到活动的具体目的。总结，使学员能将培训的收获迁移到工作中去，以实现整体培训目标。

拓展项目在项目设计和操作的过程中给予团队的锻炼、考验团队的配合、协调能力是能够给篮球项目本身最大的受益。由拓展项目本身所具备的这些特点因此说把拓展项目融入篮球教学中对于篮球项目本身发展来说非常有利的。传统的篮球教学将篮球知识和技能理解为体育技术技能，并花费大量时间在实际教学中教授篮球运动技能和技术，导致实际教学效果不理想，学生对学习的兴趣不高，学习的技术多样。一些学生只学习了篮球的一些动作，却不学习如何在球场上打球，教学方法僵化，学生对球场没有任何了解等。但是，新的拓展训练教学方法的引入打破了传统的单向交流和灌输教学方法。它非常重视使用拓展训练项目和比赛来激发学生对学习和练习篮球的兴趣。篮球基础技能教学游戏化和趣味性大大丰富和扩展了篮球教学的内容和形式。

篮球运动是一项以团队协调配合、体能主导类技战术配合的同场对抗性项目。集体项目最大的特点就是需要团队中的每一个成员互相配合共同完成团队的目标。这是篮球项目得分获胜的宗旨，当然篮球项目本身也是考验团队的配合默契程度，整个队伍的配合意识，这和拓展培训项目的目标是一致的，因此篮球项目可以借助拓展项目的作用来达到锻炼团队协作、配合、团队意识和精神的目的，最终来完成团队的目标取得胜利。

由于拓展项目本身具有的熔炼团队特点以及操作过程的可模拟性、可控性，因此对篮球教学中团队意识的培养具有很好的现实意义。在培养团队的协调配合、团结一致、团队精神方面具有很好的时效性。

篮球的专项技术比较多，针对中学生初期阶段来说没有必要把所有的技术都学会，对于早期的学习与训练学习一些主要的技术，如投篮、传球和简单的二、三人配合以及防守技战术，应对一般的比赛已经足够，关键还是对篮球项目的理解、团队配合能力的提升、兴趣的培养以及身体素质的全面发展与塑造。因此，融入拓展训练队篮球项目的发展具有积极的意义。

毕竟拓展训练作为现代人的一种全新的学习、体验与训练方式，是集挑战性、知识性、教育性、参与性、娱乐性、实用性于一体，融"心理学、管理学、成功学、系统动力学"等诸多学科为一体，利用完善的拓展设施和自然环境，通过精心设计的活动项目，挖掘人的潜能，挑战心理极限，达到陶冶情操、磨炼意志、完善人格、熔炼团队的有计划、有目的、有组织的时尚活动。它不仅仅是体能上的训练，更是磨炼参与者信心、勇气和意志的过程。因此，拓展训练融入中学生的篮球教学中可以有助于中学生的身心健康成长，有益于中学生健全品格的形成，促进中学生全面健康成长，具体表现在以下方面：

（1）综合活动性。拓展训练的所有项目都以体能活动为引导，引发出认知活动、情感活动、意志活动和交往活动，有明确的操作过程，要求学员全身心的投入。

（2）挑战极限。拓展训练的项目都具有一定的难度，表现在心理考验上，需要学员向自己的能力极限挑战，跨越"极限"。

（3）集体中的个性。拓展训练实行分组活动，强调集体合作。力图使每一名学员竭尽全力为集体争取荣誉，同时从集体中吸取巨大的力量和信心，在集体中显示个性。

（4）高峰体验。在克服困难，顺利完成课程要求以后，学员能够体会到发自内心的胜利感和自豪感，获得人生难得的高峰体验。

（5）自我教育。教员只是在课前把课程的内容、目的、要求以及必要的安全注意事项向学员讲清楚，活动中一般不进行讲述，也不参与讨论，充分尊重学员的主体地位和主观能动性。即使在课后的总结中，教员只是点到为止，主要让学员自己来讲，达到了自我教育的目的。

综上所述，拓展训练是一种最有代表性的体验式学习，是先行而后知的学习方式，拓展训练融入篮球教学中可以为学生提供另一种形式的学习平台，让学生更加深刻地体验篮球项目的精神所在，更加贴切地去感受篮球项目的特点，更加真实地懂得团队精神可贵之处；拓展训练与传统教育不同的是它没有标准答案，每个人都可以选择不同的解决问题的方式与方法，因此也会有不同的收获。

二、中学足球教学引入拓展训练

（一）足球运动特点

足球运动是最具有教育意义的体育运动项目之一，它既有激烈的对抗，又有团队间的合作,在激烈的比赛中既有抗挫折心理素质又要学会与人够通交流。通过足球活动可以培养学生顽强的意志品质、团队合作的精神以及强壮健康的身体素质。通过足球教学活动,学生可在足球课上掌握足球基本知识和运动技能技术、形成良好的意志品质,创造良好社会风气,促进专业足球队员技术水平,为我国足球人才选拔提供良好的基础。经查阅相关资料总结出足球运动有以下特点。

1. 整体性

足球运动是一项非常具有吸引力和充满竞争的活动,在参与足球运动时要求队员思想统一、攻守一致、全身心投入到足球比赛,才能取得良好的比赛结果。

2. 精细性

足球运动不单单只有体能的支配,更需要关键时刻心理上的较量,关键时刻高压处理球,可能短短的几秒钟或几步的距离果断突破、妙传或进球,这些都是足球的精细之处。

3. 大众性

足球运动规则相对简练,对器材场地的要求没有严格的限制,大众也都喜欢,在健身中是一项十分有利于开展的群众性项目。

4. 对抗性

足球运动竞争之激烈,利用技术、战术、体能、心理等因素综合攻防争夺控球权的运动,双方在队员的全力配合下,进行制约和反制约的激烈对抗。据统计,一场高水平的比赛,双方因争夺球权冲撞多达 200 次以上,可见足球运动的对抗之激烈。

5. 多变性

足球运动的胜负难以预测,一场比赛需要队员具备强大的心理和体力支配,加上技术、战术的默契配合,在激烈的对抗比赛中,双方通过有效的传切以及流畅的配合来取得胜利。

(二)拓展训练引入足球运动的意义

1. 拓展训练可以加强足球队员的团队凝聚力

团队凝聚力是指团队对成员的吸引力,成员对团队的向心力以及团队成员之间的相互吸引。团队凝聚力不仅是维持团队存在的必要条件,而且对团队潜能的发挥有很重要的作用。一个团队如果失去了凝聚力,就不可能完成组织赋予的任务，本身也就失去了存在的条件。团队凝聚力形成的前提是团队成员的相互信任，信任是对他人言辞、行为、承诺的可靠的、肯定的预期，相信合作的另一方会自觉做出对自己有利的事情，而不会利用合作伙伴的脆弱点去获取利益。这种信任是建立在对他人能力的信任或人品的信任的基础上，体现了合作的一方对另一方的可靠性、诚实度有足够的信心。拓展训练当中有一类项目称之为"破冰"项目，"破冰"的意思是打破人际交往间的怀疑、猜忌、疏远的樊篱，就像打破严冬厚厚的冰层。"破冰"项目帮助人们放松并变得乐于交往和相互学习，拉近队员间的距离，建立和谐气氛，增进了解。拓展训练中还有一类项目是团队信任项目，如信任背摔中，准备背摔的队员要充分信任下面保护自己的队员才敢于从高处背向倒下来。这类项目帮助学生建立对团队成员的信任感，从而增强团队的凝聚力。足球是一个团队项目，需要全队队员在充分信任对方的基础上齐心合力才能完成比赛，需要发挥每名队员的聪明才智，扬长避短才能获得比赛的胜利。从这种意义上讲，拓展训练可以加强足球队员的团队凝聚力。

2.拓展训练可以培养足球队员良好的意志品质

足球队员完成一场比赛，需要经受住体能和心理双方面的考验，没有良好的意志品质，很难坚持到最后。在拓展训练中，有一类项目是挑战自我的项目，这类项目是使学生在活动中克服心理障碍，建立自信心，增强自我控制能力，以积极地心态去争取和获得机会，使学生了解认知心态对行动的影响，学会舒缓心理压力。比如，高空速降，这个项目的要求是使参与者在有保护措施的条件下，分别从3米、5米、8米、10米的高度顺着绳索滑到地面，这对队员意志品质提出了很高的要求，队员必须克服内心的恐惧心理，敢于面对困难，在自我或团队成员的鼓舞下，来取得最后的成功。这类项目中的攀岩项目进行到最后的阶段，对参与者的意志品质提出了很大的考验，体力的过分消耗，决心的消失殆尽，使参与者很容易产生放弃的想法，在团队成员的鼓励下，参与者必须调整心态，重新树立信心，克服体力、心理上的困难，慢慢调整身体，均衡分配体力，才能最终完成训练的任务。从这种意义上讲，拓展训练可以培养足球队员良好的意志品质。

3.拓展训练可以培养足球队员良好的团队协作能力

一支高水平的足球队伍，队员们之间必须建立在良好的沟通之上，队员之间在训练中充分的交流，使队员间建立起默契感，通过队友的一个手势，就知道下一步的战术如何布置，训练中建立起的默契感，在比赛中则会转化成流畅的配合,进而转化成优异的比赛成绩。在拓展训练中有一类团队协作项目,这类项目主要使学生体会到团队的智慧高于个人智慧的平均组合,学会运用团队工作方法,可以达到更好的效果。有些时候,凭借个人的力量无法做到一件事情,但依靠集体的力量却易如反掌。比如,这类项目中的死亡电网,一张大网树立在队员面前,中间有多个可以纵向通过一个人的网眼,要求全体队员在身体的任何一个部位不能触网的前提下,从网的一侧分别通过网洞,每个网洞只能用一次,通过时,如果任何一个队员的任何一个部位碰到电网,那么这名碰网的队员将被退回,这个网洞作废,直至所有队员都通过网洞到达网的另外一侧,训练结束。这一类项目,必须要求参加的队员齐心合力,加强沟通,依靠全体队员的共同努力才能实现最终的胜利。从这种意义上讲,拓展训练可以加强足球队员的团队协作能力。

(三)拓展训练引入足球运动的建议

(1)中学实施素质拓展训练时,尽量设计符合中学生心理素质和身体素质训练的情景和内容,进一步提高学生的学习兴趣,不断提高课堂的参与度,丰富课堂内容,增加课堂氛围,全面提高学生的综合素质水平。

(2)对学生足球运动的学习进行长远的规划,把素质拓展训练计划到学生每个学周的计划中,将训练强度控制在一定水平,不断改进传统教学手段的不足,增强学生身体素质的同时,加强心理素质的培养,为学生终身体育、终身锻炼意识的培养提供有帮助的理念。

(3)要不断探索提高学生足球运动技术水平的训练手段和方法,加强教师对素质拓展训练的培养,不断增强他们的业务水平和能力,不断更新素质拓展的内容,争取与足球运动技术、战术的学习相符合,不断提高学生的学习兴趣,增强学生的锻炼欲望。

综上所述,在足球教学中加入拓展训练内容,结合足球运动与拓展训练的特点,将拓展训练的相关内容与足球课教学相融合让学生共同参与体验,可以更好地实现"新课标"的教学目标。"新课标"要求运动参与、运动技能、体能与身体健康、心理健康与社会适应四个教学目标是一个相互联系的整体,各个目标都是在身体练习中实现的,不应将四个方面的目标相互割裂和有偏废。因此,拓展训练和足球课教学结合具有可行性,可以为足球课教学提供一个新的发展思路。

三、中学田径教学引入拓展训练

（一）中学体育教学内容中的田径项目

1. 短距离跑

在短距离跑的技术教学中，应关注合理的步长和步频的匹配。学生可以是大步幅，稍慢的频率；也可以是较短的步长，很快的频率。只要能够跑出速度并跑得放松就可以。

2. 中长距离跑

现代中长距离跑的技术"重心高、步频快、步幅小，身体重心起伏小"以及在"经济性"和"实效性"两大特点的基础上向节省化不断发展的趋势。教学中将掌握放松能力作为重点，并应重视意志力的培养。在平均而合理的体力分配的全程跑中，体现节奏和速度感。

3. 跳高

跳高教学主要以提高起跳效果，加大腾空初速度为目标，更有利于学生发挥助跑速度和起跳的爆发力。

4. 跳远

教学中应遵循提高短距离跑的速度，再充分利用跳远助跑，然后通过快速起跳获得合理的腾空角度，最终取得优秀的跳远成绩，体现出快速上板、缓冲屈膝角度增大，合理的腾起角的踏跳过程。

5. 推铅球

应根据教学目的的不同，变换、协调练习组合，使教学安排更加合理。注重动作速度能力、爆发力以及对技术的领悟能力，使教学过程更趋向于科学化。

（二）中学田径教学与拓展训练的关系

中学的田径教学的着手点和工作重心是放在学生健康的基础之上的，一节中学的田径课无非是在完成教学项目的基础上安排学生们进行相关练习的活动。其在1 000米跑这一项目上的教程是通过不断实践即一次又一次的1 000米测试来让学生去适应这种强度的负荷，以达到其提升成绩的目的。这在理论上是可行的，但事实存在出入。1 000米跑途中会达到学生的一个极点,这时肥胖者与身体弱的学生就会选择放慢速度甚至以走代跑。这样会影响教学效果和对田径这项运动的兴趣与热情,即使他们坚持跑过终点,对其身体也会造成损害。而在传统教学的基础之上,人们也在不断探索新的教学方式,拓展训练符合这一需求,但其也有局限性。我们需要时刻注意搭配的科学性和合理性。拓展训练不仅要适应中学田径教学的计划和章程,同时也要密切关注学生的发展(如拓展训练的训练强度,对学生体力消耗的情况,对注意力的影响程度,对学生面对生活和学习能够起到多大帮助,对学生课堂积极性的影响程度)。所以,拓展训练是中学田径教学的基础上进一步提升田径教学效果和成绩的产物。在保证不影响学生学习的前提下,拓展训练可以更好地促进田径教学,以达到超过预期的目标。

1. 拓展训练与心理素质训练的关系

教育能够带给学生什么,不仅是知识上的花园,同时也是社会经验和处事能力的训练所。教育的意义就在于塑造和提高受教育者的素质,以充分实现人生价值,让自己也让别人不仅可以快乐,又可以卓越地创造社会文明。人的素质有着极其复杂的结构,对于人的心理素质,越来越多的人越来越深的认识到它的重要性,确信它是人们素质的基础、核心素质、第一素质。尤其是在素质教育的全面推进,心理素质教育作为素质教育的重要组成部分,已受到教育界的普遍关注,甚至整个社会。同时它也逐渐被现代社会所认可。与传统社会相比,现代社会一直追求高效、快捷、有序。也就是说,在现代社会中,人类的社会活动的社会化,必须以人的现代化为目标,否则,个人就很难融入现代社会,影响个人的自我发展,并最终被社会所抛弃。在现代化进程中,人类总是难以避免高竞争、快节奏的心理变化,对现代的人来说,需要的是安慰心灵和心理减压发泄自己。正因为如此,人们就会把心理素质教育和拓展训练深入地开展,所以近年来心理咨询业也正成为21世纪最需要也最受欢迎的职业。人的行为能力是人的全面素质的外在表现,然而素质是行为能力的内在基础。人的素质包括身体素质、思想品质、精神素质、文化素质、心理素质。心理素质直接参与人的其他素质的形成与发展,即能推动人的行为又能制约人的行为,导致人的行为和效率受到直接的影响。多方面的因素构成了人们的素质能力,最薄弱的一项直接影响最终能力的发挥,即我们所熟知的短板效应。心理素质处于核心地位在整个素质结构中,因此心理素质自然而然地成了其他素质的基础和载体。根据辩证唯物主义对心理的理解,对于人的心理产生的方式来说,都是通过物质生理演变过程的产物,就其产生的内容源泉来讲,都是客观现实的反映,与客观环境直接影响人们的心理，对人们的心理起着决定性作用的是我们的生活环境和工作环境。

由此可见，心理素质不仅是一个人整体实力的一部分，而且它在关键时刻甚至能够决定事情的成败。心理素质不像IQ那样是先天决定的，无法更改。它可以通过后天的训练、经验的积累、知识技巧的完善、技能的逐渐纯熟等来提高心理承受力和对突发事件的接受能力和抵抗能力。举个浅显易懂的例子，在4×100m的教学中每位学生的技术、身体素质和心理素质不一样，所以在进行交接棒和排棒过程中也会出现差异，首先这取决学生的个人技术能力，技术能力高的学生交接棒的成功率就会更高。这是硬条件之一，后两个因素是实际决定最后结果的，即心理素质是成功的重要因素。我们的每一个行动都包含了心理活动的影响和修幅。心理素质的强大能够贯穿事物始终。由此可见心理素质训练的重要性。

而拓展训练可以一定程度上强化人的心理素质，在拓展训练中，外界情势的变化会对人们接下来的行为活动产生影响。通过对心理活动，逻辑推理，胆量，自尊心等的全方位刺激，会间接地提升精力和注意力。所以，心理素质训练和拓展训练的关系是拓展训练能够提升心理素质强度，能够帮助心理素质训练达到其训练的效果。拓展训练能够在一定条件下成为心理素质训练的一种。

2. 拓展训练与身体素质训练的关系

在当今中学体育课程，以提高学生身体素质为主要目的，特别是在田径教学中体现地更加突出。中学生的身体素质直接影响学生的健康状况和各个方面，所以身体素质对当今中学生来说至关重要，拥有一个良好的身体素质是促进学生学习的一种保障。身体素质主要包括五个方面：速度、力量、耐力、灵敏和柔韧，而现在的田径身体素质的教学过程中都是比较单一和枯燥的，直接影响学生对学习的积极性，不利于学生提高自己的身体素质，甚至直接导致学生会产生厌倦的态度，毕竟大多数中学生都是文化生而不是专业学体育的体育生，所以他们更加容易出现这种状况，因此我们要在即能够提高学生身体素质的同时，提高学生自主参与的积极性，通过拓展训练让学生自我体会，将教学主导从教师转变成学生，在教学过程中多进行调节课堂积极性的拓展训练内容，让学生在学习训练的过程体会参与的快乐，促使学生在快乐中进行学习，可以达到意想不到的教学训练效果。由此可见，拓展训练其实是身体素质训练教学过程中的润滑剂，它能在不影响学生提高身体素质的前提下，促进学生的参与快乐度。

具体的速度训练、力量训练、耐力训练、灵敏训练、柔韧训练的训练量和对应增长的素质的具体数值的转换关系暂不明朗。大家都希望最少的付出获得最大的回报。这不仅在商业场上是人们所追求的，这也是我们体育事业的最高追求，在教育学生的角度上，也希望能够在最小的训练量上换得身体素质的提高。越小的训练量换取的身体素质的提升就意味着人类的身体素质极限越高，最后达到身体素质越来越好的效果，通过拓展训练和身体素质训练的有机结合就能达到这一目标。

3.拓展训练与运动技能训练的关系

运动技能也可以理解为"动作技能"，指人体运动中掌握和有效地完成特殊行动的一种能力，包括大脑皮层调节下不同肌肉群间的协调性。因此，肌肉工作的能力需要在空间内正确的运用。按条件反射学说的观点，是一种复杂的一个动作接连一个动作的肌肉所感觉的运动条件反射。运动技能的形成和发展受许多因素的影响，如教学方式、学生的训练程度、学习目的和学习热情，以及身体健康程度。拓展训练的作用正是为了解决这些因素，促进运动技能训练的教学效果。

与此同时，需要指出的是，通过拓展训练来提升教学效果的进步，代表的是花费更少的时间，就能达到和现在同样的成就。这样，学生就有了更多可支配的时间去完善其他技能，或者熟练多项运动技能的学生。

（三）拓展训练计划的具体内容

1.课程设计思路

选择团队协作类型的拓展训练项目，将其与传统田径课程在一节课中同时进行。其中，课程安排分三个部分：第一部，热身，选择团队协作类型的拓展项目；第二部分，安排一些拓展训练项目与一项传统的田径运动项目结合教学，突出田径教学的目标，拓展训练只是辅助田径教学；第三部分，总结此次课程。

2.田径运动的拓展训练内容

目前，在中学体育新课标的实施中，田径运动的开展受到冷落。这一现象更提醒我们，在中学体育与健康课程教学的过程中，要用一个新视觉去重新认识田径运动，挖掘田径运动项目的功能，拓展田径运动的方向，绝不能因为田径运动枯燥、单调而放弃在中学的开展。我们应清楚地认识到，田径运动的各个项目的起源，基本是为了适应人类生存、生活等方面的需求而逐步形成的。无论是古代还是现代，伴随着人类正常生活的走、跑、跳、投（掷）的基本能力是不可减弱的，特别是跑的能力更需要加强。值得一提的是，近年来几次影响较大，伤亡较重的天灾人祸，更是体现出了快跑能力的价值。比如：在海啸发生、在宾馆发生火灾等险情下，奔跑能力强或掌握了一定逃生技能的遇险人员，其逃生的概率绝对大于奔跑能力差或没有受过逃生教育的遇险人员。而跑的能力、跑的方式和技巧只有通过田径教学的方式才能掌握与提高。因此，在中学体育与健康课程教学的实施过程中，不仅要传授田径运动的基本知识和基本技能，更要结合人们生活工作的需要，拓展跑的教学内容。为此，设计出了适应生活与工作的"生存跑"、遇险时自救的"逃生跑"，以及有险情时为救他人的"救生跑"。

3.田径运动心理素质拓展训练内容

教学目的：

以培养自尊心、自信心、意志品质、团结协作和促进心理健康以及调节情绪为主。所以在拓展训练的过程中，需要让学生充分体会自我和团队的力量，突破自我，敢于挑战，树立自信，促进身心健康，给予学生在学习和生活中应有的帮助，让学生知道心理素质拓展训练的重要性。

训练意义：

使学生对团队精神重新认识、重新定位，增进学生的内部团结；激发学生的自身潜能、磨炼意志、陶冶情操，对日后的生活和学习产生正面的冲击和影响，达到完善和提高自己。

方案：亦敌亦友

亦敌亦友是一项考验学生心理素质的临场转换能力，即角色的转换能力。这个活动的开展能够帮助学生在极短的时间内完成角色的转换，这个项目不但能够促进学生的反应速度，同时也能提升其大脑在短时间之内能够处理的最大信息量。提高其瞬时决断能力和反应能力。

教学过程：基础要求是参与的人数要是三的倍数，分成3个小组，每个小组人数必须相同。需要一个篮球。场地是一个正方形区域，具体大小视参加的人数而定，如果是9个人参加，就可以定为9米×9米的正方形区域。其中两个小组是传球方，一个小组是抢球方。具体规则如下：①球不能落地，让球落地的那个人所在小组全部变为抢球方。②两个小组之间可以交叉传球，不同组之间的成员也可以相互传球。③抢球方成功抢到球后自动成为传球方，而被抢的人所在小组自动成为抢球方（增加难度：抢球方在球没有传出去之前碰触到持球人也算抢球成功）。④当传球次数达到15次时抢球方还未成功断球,则传球方小组各得一分。最后小组总得分最高的组胜出。

注意事项:该项目对人脑信息整合能力的要求很高。一次传球后队友可能马上变成敌人,学生是否能够准确意识到自己的角色定位十分关键。对于传球方而言,由于人数上占据优势,所以只要能够保证传球不失误,就可以相对安全和稳定。其他队的队友一旦失误,就会成为抢球方,此时就应该快速地认识到:先前的抢球方现在是队友,就应该和他们积极寻求配合。

分析讨论:这个项目表面上来看是考验学生的随机应变能力,而另一方面,通过不断地奔跑,找出相对安全的接球位置。观察队友和敌人的站位,选择合理的角度接球,这本身就促进了学生的大脑机能。同时,想要取得最后总分数的最高,在尽量保证自己不失误的前提下,还要做好传球方和抢球方之间角色的转换。当自己是抢球方时,要尽可能对持球人形成包围,阻止对方得分。简单来说,就是认真、严谨地做好两种角色的本职工作,才能更好地取得分数。该训练项目能够帮助学生提高心理承受能力,即使其他队的队员帮助过你,但当角色转换的时候,学生还是应该做好本职工作,从而使学生们做事更专注,克服惯性思维的误导。让大脑更快地运转,更清晰准确的过滤信息是此项训练的主要目的。

4.田径运动身体素质拓展训练内容

身体素质的拓展训练就是考虑如何在一项教学中能够将这五项素质全部囊括,或是尽可能多地涉及这五项基本素质的教学技巧。将各项素质相融合,再来就是在其中的一项素质上作重点教学,如速度练习或力量练习。重点素质教学因为单纯的单项素质练习会使学生产生厌倦和身体对训练的疲劳反应,这在传统的教学上显露无疑,所以针对单项素质的拓展训练就要做出改变。例如,在跑步的练习上可以用变速跑取代匀速跑,适当地加入情节,就能使枯燥的跑步趣味横生。其中一种教学,可以同时训练力量、爆发力、绝对速度,而且加上间歇就能够有效的练习由静到动的快速转化。

教学内容:先以十人为一组,然后在操场上随机自定义一个区域(能够明显区分出来的,并且每组的区域不能相同,第二次和第三次的区域不能一样,但第四次区域可以第二次一样)让10个人跑向该区域并蹲下,最后的一名同学需要接受惩罚(内容可以自定,主要是力量方面的训练,例如单杠、深蹲等),并一直做到第二回结束,然后第二回的最后一名和受惩罚者互换,教学结束时,再进行一次400米跑。然后连续三次第一名或5次以上获得第一名的人可以免除最后的400米跑。

分析讨论:这样的训练覆盖面较广,不仅训练到了爆发力、反应速度、由静到动的变化,并且动作速度的快慢也可能会影响最后的结果,达到了训练体能、强化速度的目的。而且由于加入了惩罚机制,能够进一步强化教学效果。即使出现了消极怠工的学生或者体质弱的学生,从惩罚的力量训练也能从侧面弥补和改善训练量上的不足,从而达到最后增强体质的效果。而且由于加入了竞争的因素,也能在很大程度上让学生认真对待。最后加入了奖励机制,能够最大限度地激发能力较强者的积极性。活动后适当的压腿,能够减缓疲劳,并改善柔韧性。

改善:该项训练的局限性,奖励名额的稀缺会一定程度上影响教学效果。但如果增加奖励名额则会面临另一个问题,那就是对二三名以后的区分难度会变大,并且分配过程中必然会引发学生间的摩擦,会对后面的教学产生不好的效果。同时,能力较强者之间的竞争会变弱,会引发一系列问题。如何掌握之间的平衡是需要进一步考虑的问题。

5. 田径运动技能拓展训练内容

运动技能拓展训练教学主要分为三个方面,除了上述所说的身体素质教学外,还有技术教学和战术教学。发展身体素质是学习掌握运动技术的基础。为了掌握现代田径技术,学生必须具备良好的力量、速度、耐力、柔韧及灵敏协调等身体素质。身体素质水平越高,理解就越快。技术训练要抓住关键,反复训练。田径运动各项目有各自的技术关键,如短跑的蹬摆配合技术、跳跃项目中的起跳与过杆技术、投掷项目中的助跑(旋转)速度和最后用力等都是关键技术。学习掌握关键技术可以带动完整技术的提高。

不断探索、不断创新、不断改进和提高运动技术。合理有效地完成动作的方法是一种理想的模式,是人们经过千百年的运动实践和科学提炼总结出来的有效方法,并随运动教学实践和科学进步的不断发展而不断创新。而且由于人类自身不断进化,运动场地、器材设备不断革新完善,运动技术也要不断地适应和改变,以更新、更先进的技术代替旧的。

技术教学的主要方法有分解法、重复法、变换练习法和比赛法等。不同的教学方法用于不同的阶段,如分解法和重复法主要用于技能初步掌握阶段,而完整法和比赛法则主要用于完善运动技能、运动技能运用于如何提高阶段。田径战术教学中战术就是在比赛中根据对手和外部条件,充分发挥自己的能力,力争好成绩而采用的一种专门方法。

例如:在 1 000 米跑上的战术教学,普通的学生跑步的战术无非有二:其一,就是从头到尾用自己百分之七十到百分之七十五的速度来跑;其二,死死咬住跑在前面的人,最后伺机冲刺。这是传统的两种策略。而学生们只是遵循这两种前人的经验,却未能根据自身情况从实际出发。一个耐力弱的学生是难以从头至尾都保持匀速的,他在中长距离跑的过程中必定是一个逐渐减速的趋势,那么他就不适合第一种战术,错误的战术不仅不能帮助学生提高成绩,反而会打击其信心和热情,起到相反的效果。第二种战术也有很大的局限性。它的成功实施需要两个条件的制约:领跑同学的速度和自身的速度。二者缺少其一,该战术就不可能起到预期的效果。反之,当一个学生的情况是:绝对速度较弱,但有一定的体能基础,就可以让其尝试一种战术,即刚开始的时候只使出百分之五十的速度,每跑 200 米就增加百分之十的速度,逐渐加速,其效果会有一定改善。

在战术教学上不能一味照搬,应该因材施教。战术的目的是帮助学生寻找出一条适合自己的并能够提高田径成绩的捷径。战术教学,就是能够更合理的分配自身的能力和体力,其对学生的大脑也是一种开发,不仅能够让学生去寻找成功的捷径,提高训练时间转化成运动能力的比率,而且可以让他们渐渐理解:自己并不是命令的执行者,而是命令的发起者,指令的创造者。从被动的接受训练,一切遵循教师的指示,到能够完全理解战术的存在和含义,再到根据自身优势和不足量身定制出属于自己的战术,让身体和头脑相结合。最大限度地发挥主观能动性,这是拓展训练从表面上无法显现的。在战术教学的同时,不仅能够提高运动技能,并且也能够让学生良好的认知自我。同时对运动项目有一个更加理性、科学的认识。

(四)拓展训练对中学田径教学产生的积极影响

中学田径教学加入拓展训练与众不同,它不但可以在身体素质上提高一个人,并且它所带来的后续影响也是潜移默化的。如果把传统教学比做一幅图案,那么拓展训练就像是形状各异的积木,同样的摆放方式通过不同的积木块就能展现出截然不同的图案。同样的积木块通过不同的摆放方式也能够展示出不同的效果。那么,试想一下,如果是不同的积木块再用不同的摆放方式呢?前面所说的积木块只是以单数为前提,假如是复数的同种类的积木块呢?复数的不同种类的积木块呢?只要我们愿意去摆放,谁又能预言我们会摆出什么呢?在拓展训练中,我们可以把训练元素(力量、速度、柔韧、反应、心理素质、团队配合等)看作形态各异的积木块,两个教学元素间的衔接和搭配技巧看作摆放的方式,其产生的化学反应就是我们的成果。

正是因为中学教学出现了问题,我们才会去寻求解决的办法,在摸索中，拓展训练作为一个新的概念被重视和研究，不仅因为其存在理论上实现的可行性，同时在理论上它能够带来新的改变，这个改变对于教学是有积极意义的。首先，作为拓展训练成效的证明和试验个体，学生的素质水平相较于拓展训练实施之前是否有了明显的改观是衡量其效果的直观标尺。

首先，对于学生而言，它能够帮助学生提高身体素质，并且提升的幅度是较为明显的，并且能够同时提升多项素质，直观地讲，拓展训练不仅节省了单独训练其他素质所必须花费的精力和时间，并且拓展训练相较于传统教学更加能够让学生易于接受，能够从主观上改变学生对于田径的认识。将学生的被动态度转变成主动接受的态度。对于未来新的教学方式的普及和传播降低了难度。同时拓展训练也能够锻炼学生的心理承受力和团队意识。这对于学生日后步入社会面对挫折时即使走出困境，解决困难无疑有着关键作用。拓展训练能够有利于学生成长。

其次，对于课堂而言，拓展训练无疑为课堂增加了全新的元素，不仅调节活跃了课堂的氛围，让学生们都能够有一个好的心情去吸收课堂中的内容，在学生们高度注意力集中的状态下，学生们会更加积极认真地去配合教师。教学内容能够充分落实，甚至能够超额完成教学任务。学生们表现的优异会在客观上推动教学的进度。当无法区分学生的名次时，就意味着当前阶段拓展训练目的的达成，那么就需要重新形成竞争，唯一的手段就是增加难度，随着教学难度的不断增加就代表了学生能力越来越强。竞争就会越发激烈。在活跃的气氛下，能够帮助教师更好地了解学生，以对教学项目及时做出调整和改变，使教学效果最大程度地增长。

最后，对于整个田径教学而言，拓展训练是一种良好的方式，归根结底它是为田径教学服务的。通过拓展训练的普及，田径教学会更加科学和合理，效率也会更高。同时，先进的教学理念和教育方法必然会带来其他国家的学习与交流，这是拓展训练的交流与融合，在与外来国家的交流学习中，我们必定会取长补短，来使田径教学更加完善，不仅适用于中国，同时也能够帮助其他国家的田径教学。这就是拓展训练所带来的积极影响。

（五）拓展训练良好运用的教学效果

拓展训练良好运用的教学效果，首先就是学生们的身体素质增强，即学生能够突破之前在这个项目上的最好成绩。并且在教学中学生的行动中充满精神活力和美感。

在课堂中学生们能够积极配合教学，全力以赴地去完成安排的教学内容，并能够有自己的思考和见解，敢于发表看法，最好能够让学生自己去构思教学内容。逐渐完善自身的弱势，能够自己主动寻找方法解决相应的问题。从被动接受命令转变为主动实施命令再到自己创造命令的逐渐转变，愿意且希望在运动中提升自我。遇事沉着冷静，能够不紧不慢地解决事情，总能够选择相对合理的选项，并积极寻求突破。能够主动地去寻求他人的帮助，和别人合作解决问题。在处理任何事情都能够化繁为简，将事物的整体分离成多个部分逐个解决，更高效地解决学习问题。

第四节　中学体育教学引入拓展训练的实施对策

一、根据不同年龄阶段的特点实施不同的拓展训练课程项目

拓展训练的确对孩子的身体存在一定的危险性，但是这些危险对孩子素质能力的提高有很大帮助，只要针对不同年龄段的学生实施不同的训练项目，就会循序渐进地提高他们的身体素质与能力。因而，根据初中、高中学生的不同年龄特点、不同身体体质，制定出不同的拓展训练项目，才能达到教学教育的目的。

二、加强师资队伍建设，提高教师的专业素质水平

教师的专业素质水平直接影响着体育拓展训练完成的质量。学校应该积极组织教师进行拓展训练知识的培训，以便提高教师的专业素质水平；与有成功教学经验的地区举办拓展训练教学的研讨会，促进教师之间的交流，学习成功的经验，丰富教师对拓展训练教学实施的体验，提高自身的水平。同时，教师应该积极主动地参与拓展训练培训过程中，开拓眼界，不拘泥于传统体育教学模式，丰富自身的知识，学习先进的经验，充分利用现有的体育资源，最大程度的开发体育拓展训练的课程内容，所以学校应该积极组织教师进行相关专业的培训，提高教学能力，这是拓展训练能否在中学体育课堂教学中顺利实施的前提条件。教师应该具备专业的知识，灵敏的头脑和反应力，同时还要有一定户外生存经验，掌握生存技巧的知识结构，能够及时的捕捉知识、更新知识，对拓展知识以及知识灵活运用应用，掌握学生微妙的

心理变化，能够独立应对突发事件，给予学生积极、乐观、正确的引导，同时还应该具有一定的管理组织能力与清晰的头脑。广大从事体育教育的工作者应积极开阔视野，摒弃旧的教育教学经验，开发思维能力将拓展训练项目同体育教学更好地结合起来，巧妙地设置一些情节，既提高了学生兴趣，又使学生的综合素质得到了提高，把社会发展的需要和体育课程的需求通过团队拓展训练的方式联系在一起。

三、为拓展训练的实施提供必要的场地器材

拓展训练的方式灵活多变，学校可根据学生的特点以及拓展项目的要求，对体育场地进行基础建设，同时也可根据自身的师资力量水平有选择的对体育器材进行选择，以便于拓展训练顺利的实施提供物质保障。

较强的灵活性和适应性是拓展训练优于传统体育教学的两种特性，它受环境的影响较少，转圜空间大，室内外都可进行，所需场地器材都比较简单，学生可以根据项目的要求分成几组进行。体育教师可以根据现有的体育场地设施和器材制定教学计划，也可以用现有的器材替代所需的器材，如铅球、绳子、接力棒等器材都可以用夹心球替代，也有很多项目并不需要器材的辅助。因此，除了即使是条件不是很优越的学校也很适合开展拓展训练。

拓展训练内容丰富，实施方式具有灵活性和多变性，可以通过实现特定目的设计的活动内容，拓展训练的运行方式类似于游戏，融趣味性、实用性、知识性于一体，能激发学生体育运动的热情，使学生积极主动地参与到活动中去。比如，天津官港森林公园"体验式"拓展训练基地建有专业的拓展服务，但是在淡季其使用率很低。高校完全可以和这些类似的拓展训练机构进行合作，使得双方获益。

四、加强宣传力度，让人们对拓展训练有正确地认识

拓展训练是一种新型的运动项目，虽然受到各个国家的广泛借鉴，但是他的发展还不是很完善，正处于探索阶段，传入中国并引入学校教学的时间就更短了，教师、学生以及家长对其认识不够。拓展训练传入中国之初是用来进行企业员工培训，参与方式一般是以俱乐部形式，随后才进入高校。由于体系建立的并不完善，安全事故也时有发生，外界人士对拓展训练的认识也仅限于户外野生活动，对以课堂教学模式发展的拓展训练的了解不是很深入，认为风险系数较高。学校也以学生的安全为主，这阻碍了拓展训练的实

施及发展，这样就容易产生消极情绪，不利于拓展训练的实施。加强宣传力度，让人们对拓展训练有一个正确的认识，让他们能够积极地响应并参与到其中。

五、进行风险评估，建立安全保障体系

安全是拓展训练培训过程中的一项重要责任，尽可能地通过一定的手段来保障拓展训练各种环节的安全。各项户外活动的保护装备均使用一流的专业器材，并由经指导监控活动的全过程。因此，必须要有针对性的防范工作保证拓展训练引入中学体育课堂的顺利实施，课程的安排要经过详细的制定和安排。当然，真正的安全不能只靠制定相应的制度就能得到实现，只有实施者能够灵活依据不确定因素制定安全的预案，干扰或者消除不稳定因素，才能使项目顺利开展。拓展训练有一定的风险，但是这是可以避免的，建立健全安全保障体系，制定相应制度以便应对突发情况。

六、健全学校课程管理体系，为拓展训练的实施提供制度保障

完善的学校制度为拓展训练能够在学校顺利实施提供了保障。健全学校课程管理体制，首先要让学校认识到学生的任务不仅仅是学习，培养其他能力也很重要，首先要使学校认识到除培养学生学习能力外，培养其他能力的重要性，使其对开设拓展训练课持支持态度，只有这样才能从根本上保证拓展训练课的开设。拓展训练的风险。

七、充分利用各种自然、人力资源

拓展训练进入中学体育课程更有利于各个学校根据实际情况开发校本课程，能够自主选择拓展训练的内容、实施方式、教学手段，有的放矢地对体育教学进行改革和实验。配合拓展训练的项目，因地制宜地开发各种资源。例如，可以调动学校有体育特长或者爱好体育的老师、家长、骨干学生或者其他的学校在职人员，参与到课程的实施与改革中，开发人力资源；利用学校的自然资源，稍加改造或者与体育器材相结合，模拟拓展训练场景，开发学校自然资源，并对传统的体育项目加以改造，丰富体育课程资源。不仅如此，还可以充分利用校外课余体育运动项目或者组织部门，开展社区体育、俱乐部体育、冬（夏）令营等体育活动，开发社会体育资源。

第六章　中学拓展训练课程设计

第一节　拓展训练课程相关理论基础

一、体验式学习圈理论

"体验式学习圈"理论是由美国社会心理学家大卫·科科尔博提出的,如图所示,体验式学习模式从体验开始的,通过体验感知形成个体的情感,态度和意识,然后通过反思内省总结和整理,归纳总结为理论最终理论有知道新一轮的实践活动这样循环往复促,进个体的不断完善和提高。

体验式学习是一种摆脱传统教学观念的双向互动式学习方式,即"在做中学"。心理学研究表明:看到的信息可以有10%被记忆,听到的信息可以有20%被记忆,亲自参与体验得到的信息可以有80%被记忆。[①] 体验式学习要求学习者去"做"去"感受",更注重向内学习,强调知行的统一。我们可以将传统的学习方式比喻成"观摩游泳",将体验式学习比喻成"自己游泳"。传统的教学教给学生正确的姿势,动作要求注意事项等,但无论讲解观摩的如何细致正确,而学习者没有亲自参与体验是学不会游泳的。而体验式学习是让学习者进入水中在摸索中与老师不断交流沟通,发现自己的盲点,进行反思总结,学生是主体,与教师的正确动作进行不断地纠正反馈,最终学会游泳。体验式学习的特点就是活动及互动,个体独特体验全情投入获得最大

---

① 孟昭兰.普通心理学[M].北京:北京大学出版社,1994:256.

的价值，遵循人类学习的最天然本性，通过感受不同的行为和情绪从而发掘并掌握更多的知识和有效的处事能力。拓展训练课程的实质既为体验式学习课程，与传统课程与教学有很大的不同。根据学生学习和发展的需要通过各种拓展训练项目所创设的情景，学习者通过参与项目亲自体验，去做，去互动，去感受，去分享，去总结并将所学应用于以后的生活实践当中。在学习中学生是教学活动的主体一切教学活动都要围绕学生的身心发展特点和发展需要而展开，教师只是作为一个组织者、引导者、帮助者参与其中。

二、杜威的"儿童中心"思想

现代教育学之父杜威认为，学校生活组织应该以儿童为中心，所做的一切教育工作都是为了孩子而不是为了教师。因为以儿童为中心是与儿童的本能和需要协调一致的。儿童有好动好奇好问的天性，对周围的事物有强烈的探索欲望。而好奇心和求知欲是兴趣的开端。让孩子通过自己身体的活动，运用各种感觉器官（眼、耳朵、鼻子、皮肤、舌头等）和肌肉运动直接接触周围的世界在与环境和事物相互作用过程中去发现和认识食物或现象。因为食物和现象是复合体，因此应该让孩子多种感觉多种角度去感知同一事物和现象。杜威在强调"儿童中心"思想的同时并不是让教师采取"放手"的政策。他认为教师不仅应该给儿童创造和提供儿童成长相适应的机会和条件，同时应该观察儿童的成长并给予真正的引导。

拓展训练课程是以学生为中心的，遵循学生身心发展的规律，在满足学生好奇好动的和强烈求知欲同时，创设各种情景和活动，让学生通过自身的多种感官与周围的环境和事件产生互动，自己接感知周围和环境和物体以及事件，从而得到深刻的体验，以培养和锻炼学生各方面的素质。在这个教学过程中充分发挥学生的主体地位，教师通过观察学生的活动动态，进行分析，从而充分调动学生的积极性，组织课堂的同时也参与其中，对背离主题的状况及时加以引导，引领学生朝积极的方向发展，从而促进学生身心健康发展。

三、建构主义理论

由瑞士心理学家皮亚杰提出的建构主义认为，知识不是通过教师传授得到，而是学习者在一定的情境即社会文化背景下，借助其他人（包括教师和学习伙伴）的帮助，利用必要的学习资料，通过意义建构的方式而获得。即学习者不是被动地接受知识，而是对信息和知识进行的主动的选择和加工。

学习是学习者在原有知识经验的基础上，主动地建构内部心理表征及新知识意义的过程。学习要以学生为中心，注重主体作用注重外部情境的作用，要注重协作学习。强调学习者之间的互动与交流，注意对学习者学习环境的设计，为学习者提供充分的便于学习者内化的学习资源。

拓展训练课程一个非常重要的环节和前提就是情境的创设，拓展训练的项目大多是在为了达到某种教学目的而专门设置的情境中进行的，学生在情境中通过独立思考和小组合作的方式去完成活动任务。学生在拓展训练项目中所获得的知识不是教师预设强加的，也不是学习者提前准备好的，二是学习者通过自身的参与思考反思总结后自然地、主动地生成和建构的。每个学习者在活动中所获得的都是自身独特的感受和收获，这些多元的知识也为学习者进一步学习提供了充分的学习资源。

四、人本主义学习论

人本主义心理学主张研究健康的正常的人的心理，研究人的价值，尊严，创造性，积极的情感和自我实现等。人本主义学习论的教学目标观是"知行统一"，人本主义心理学代表人物罗杰斯认为，情感和认知是人类精神世界中两个不可分割的有机组成部分，彼此是融为一体的。[①] 因此，罗杰斯的教育理想就是要培养"躯体、心智、情感、精神、心力融汇一体"的人，也就是既用情感的方式也用认知的方式行事的情知合一的人。现代世界唯一不变的就是变化，因此变化也是唯一可以作为确定教学目标的依据，这种变化取决于过程而不是知识本身，因此人本主义学习论的教学目标就是"促进变化和学习，培养能够适应变化和知道如何学习的人"。认为只有学会如何学习和如何适应变化的人才是真正有教养的人。人本主义学习论还将培养学习者的创造性作为教育目标，相信每个人都有创造力，人人都有创造的潜能，同时自由创造也是人类需要层次理论在高级别自我价值实现的完美体现。因此，人本主义学习论强调给学生创设良好的问题情境，鼓励学习者主动的积极探索和寻找问题的解决途径，从而促进学习者在独立性，自主性和创造性等方面的发展。

拓展训练课程是一种体验式健康教育课程，它立足于学生，贯彻"让每一个学生成功，为每一个学生终身发展服务"的理念。尊重学生，相信学生，放手让学生在有组织有计划的活动中去探索问题的解决途径和方法，培

---

① 钱水健.拓展训练[M].北京：企业管理出版社，2006:10.

养学生的独立性,自主性和创造性。通过拓展训练课程在学校教学中的开设,力争通过课程让学生"生活的更有尊严,更加自在,更加幸福更有价值,达到心灵生活的丰满和自我完善"。[①]

五、积极心理学理论

积极心理学是由美国著名心理学家塞利格曼提出并倡导的。积极心理学研究的重点从最初的只关注人类的疾病和弱点逐渐转向关注人类的优秀品质。在意义上,积极的心理品质主要包括以下三个层面:第一,从主观体验上讲,他更关心人的积极的主观体验,主要探讨人类的幸福感、满足感、愉悦感,以及构建未来生活的乐观主义态度和对生活的忠诚等。第二,对于个人成长而言,积极心理学能给个体提供积极的心理特征,如爱的能力,工作的能力,积极看待世界的方法和敢于创造的勇气,和谐的人际关系,健康的审美体验,宽容和智慧的灵性等。第三,积极心理品质还包括作为一个社会人和作为一个公民的美德利他行为和对待他人的宽容和职业道德以及社会责任感,引导个体成为一个健康的积极的乐观的健全的社会人和家庭成员。

拓展训练课程对中学生心理健康的作用不再是传统教育模式的"堵和防"而是主动干预,关注学生的积极方面在活动中关注和培养中学生良好的心理品质,肯定学生生命个体和生命价值,在课程中激励和培养学生热爱生命、积极向上的心理状态。不断促进学生的心理向积极的良性的方向发展,这是一种发展性教育,其终极目标是引导学生追求幸福以达到身心的不断成长,发展和完善。

第二节 拓展训练课程设计要素与评价

一、初中生拓展训练课程设计的要素分析

(一)初中生拓展训练课程的性质

根据我国《基础教育课程改革纲要(试行)》要求综合实践活动课程作

[①] 张吾龙.中学生实施素质拓展训练的可行性初探[J].西安体育学院学报,2005(3):24-26.

为新课程中国家规定的普通初中必修课程。综合实践活动课程是指在教师的指导下，由学生自主进行的综合性学习活动，基于学生经验，密切联系学生的生活和社会实际，体现对知识综合应用的学习活动。它主要有以下几个特点：①它是一门经验性课程，强调以学生的经验、社会实际和社会需要和问题为核心，以主题的形式对课程资源进行整合的课程，以有效地培养和发展学生解决问题的能力、探究精神和综合实践能力为的；②是一门实践性课程，注重学生多样化的实践性学习方式，转变学生那种单一的以知识传授为基本方式、以知识结果的获得为直接目的的学习活动，强调多样化的实践性学习；③要与学生生活实际相结合，增强学生运用已有知识解决生活实践问题的能力。综合实践课程实行三级课程管理，综合实践活动课程是由国家统一制定课程标准和指导纲要，地方教育管理部门根据地方差异加以指导，学校根据相应的课程资源，进行校本开发和实。

  拓展训练是一门综合性和灵活性很强的课程，其综合性体现在拓展训练是一门集教育学、心理学、管理学、行为心理学、哲学、组织行为学等多学科综合性应用学科。学生在进行拓展训练过程中要根据不同的要求和任务应用到已有的多种学科的知识和技能经验才能完成，使学生在活动中得到全面而均衡的发展。在课程中不再强调课程本位，淡化了学科的界限而是更加注重多学科知识的联系综合运用和综合实践能力。其次，拓展训练项目活动中很多项目都是学生实际生活的延伸，已经超越教材、课堂和学校的局限，在活动时空上向自然环境、学生的生活领域和社会活动领域延伸，密切学生与自然、与社会、与生活的联系。最后，拓展训练课程的内容可以根据学生的不同情况和发展要求进行调整和设计以适应学生发展的需求。

  初中拓展训练课程满足了综合实践课程的经验性，实践性和生活化的课程要求，采用新颖的体验式学习模式和灵活的课程内容编排，学校可以根据自身的实际情况自由灵活地开发适合本校学生情况的校本课程，从而增强课程的针对性和实用性，实现了课程的三级管理。因此，初中拓展训练课程可以作为初中开展综合实践课程的重要组成部分。

（二）初中生拓展训练课程目标

  课程目标是指导整个课程设计的方向标，也是指导教学实施和教学评价体系制定的重要准则。① 它是以教育总目标和培养目标为制定依据,从学科特点和教学对象的基本情况为出发点,是指导和控制课程实施和评价教学的主要依据。拓展训练课程是在特定的环境下或预先设定的情境下,以身体活动为主要载体以游戏活动为主要呈现形式,让学员和团队经历一系列的挑战和考验,锻炼学生的体魄掌握拓展训练和野外生存的必备理论知识和基本技能,培养学生健康的心理素质,积极向上的人生态度,增强团队意识,通过学生的积极参与使学生得到不断地完善和全面的发展。对其概念进行分析拓展训练课程与体育课程在课程概念组织形式和课程目标构成因素有很多的共同之处。因此在确定拓展训练课程目标时以中学体育课程目标为参考。《体育与健康》课程的总目标如下:通过本课程的学习,学生能提高身体素质和掌握一定的运动技能,加深对体育与健康知识的理解;学会正确地进行体育锻炼与学习的方法,增强体育实践能力和创新能力;形成运动的兴趣并掌握一项或多项的运动专长,培养终身体育的意识和习惯;发展良好的心理品质,通过体育运动增强学生的人际交往能力和团队协作意识;具有健康素养,塑造健康体魄,逐步形成乐观健康的生活方式和积极进取、充满活力的人生态度。基本目标包括运动参与目标,运动技能目标,身体健康目标,心理健康目标和社会适应目标。

(三) 初中生拓展训练课程的教学内容选择

课程内容是指一门学科自身的观点、事实、原理和问题的具体体现,以及如何梳理它们之间逻辑关系的方式。通俗一点,也就是说一门学科或者课程要教些什么以什么样的形式呈现这些需要交的内容。课程的设计一项最基本的工作就是选择以及确定课程的内容。这项工作涉及很多方面,是影响课程教学效果的重要因素同时也是容易出现课程问题的根源。一门课程的一切教育与评价活动都是围绕课程内容的安排来进行的,课程内容选择的恰当与否直接影响到培养目标的达成度,学生学习的效果甚至影响到社会的发展与进步。拓展训练项目的种类非常多,但是不同的项目培养的目标不同适合的对象也不同,因此在开展拓展训练课程的内容选择上也应当将项目本身的特性,培养目标,培训对象以及社会发展的需要进行综合考虑和分析。

---

① 吴杰.体育教学中引入拓展训练的理论依据及教学模式研究[J].教学与管理,2006(27):76-77.

1. 初中生拓展训练课程内容分类

拓展训练项目的种类繁多分类的方法也很多，主要包括按上课地点分室内项目（急速60秒，商战模拟等）和室外（定向越野，攀岩速降等）项目，按项目场地分地面项目（人椅，雷阵等）、高空项目（索道，断桥，缅甸桥等）和水上项目泅渡，浮桥等），按参与人数分单人项目（断桥，独木桥等）双人项目（天梯，信任之旅）和多人项目（电网，团队墙，背摔）。另外还有根据项目的目的分类这也是最常用分类方法。拓展训练项目都有很强的目的性，有的突出发掘个人潜能，有的重在培养人的沟通协作能力，也有以培养团队合作的集体主义精神为目的的项目。因此按照拓展训练项目的目的进行分类大体可分为破冰类，自我挑战类，团队熔炼类。

2. 初中生拓展训练课程内容选择的原则

针对性原则。这里指的适应性是要求在选择拓展训练课程内容时，首先要确定学习对象的基本情况，如年龄、性别比例和人数等；其次还要根据学校现有的和社会上可以利用的资源和师资力量等方面在进行课程内容的确定。

可行性原则。拓展训练课程内容的选择相对比较灵活，不同的项目内容对外部设施，师资情况以，教学时间以及教学对象的要求也是不同的。因此在确定拓展训练课程内容时必须进行综合考虑做到切实可行。

实效性原则。新的基础课程改革《纲要》指出在课程内容改革方面要改变过去偏、旧、难、繁以及过于注重课本知识的现状。加强课程内容与社会，科技发展现在和学生现实生活相联系，关注学生的兴趣和成长需求选择课程内容要具有实效性。社会的发展水平与发展要求是课程内容设置的指挥棒，因此，拓展训练课程的内容选择与确定要适应社会发展的需求与趋势。在选择课程内容是要贴近学生生活符合学生的身心发展特点且便于学校，家庭和社区生活开展，还要有利于学生以后的发展需求和培养终身学习的态度和能力，并能为学生以后走向社会后从事工作与生活服务。

趣味性原则。兴趣是最好的老师也是学生产生求知欲的开端，兴趣能够影响人们在学习过程中的注意倾向和努力程度。趣味性强的课程内容不仅能够激发学生学习的积极性而且更有利于开发学生的潜能，因此更有利于课程目标与课程价值的实现。所以在确定拓展训练课程内容时一定要注意趣味性原则。

3. 初中生拓展训练课程内容的组织原则

系统性原则。拓展训练课程项目内容种类繁多而且灵活多变，组织形式也各不相同。因此，对精心设计和挑选的课程内容不加以系统的合理的组织的话，那他将是支离破碎的、凌乱的，学生的学习也是片面的、混乱的，他的教育意义也将大打折扣。中学生拓展训练课程应当是系统的完善的一个课程体系，应当根据一定的原则对整个课程内容进行合理的编排。整体上要能够体现内容的"连续性，顺序性和整体性"[1]也就是说一定要注意课程内容的整体顺序，在教学中课程要素在不同阶段要有所重复，使学生在学习过程中充分利用学习迁移对后续的学习提供帮助。其次课程内容要根据学科的逻辑体系和中学生的身心发展阶段，使教学内容由浅入深，由简到繁，更有利于学生的学习。最后还要注意课程内容的组织一定要总体把握使课程要素间有横向的联系，以便于学生获得系统的统一的观点，也更有利于学生做到"知""行"的统一[2]。

负荷量控制原则，拓展训练课程是一种体验式课程，其最主要的部分就是学生的充分参与，但是，学生的体力，精力和注意是有限度的，不能一味的安排大强度大刺激的项目内容，要做到有宽有窄，有严有松，做到张弛有度。建议一次课程学生有一到两次"高峰体验"即可，学生的情感体验可以是单峰式，双峰式或者阶梯式，要根据项目的具体要求和学生的参与度和情绪视情况而定。一定要强调学习的质量而不是学习的数量。

（四）初中生拓展训练课程的组织与实施

1. 初中生拓展训练课程的教学实施环节

课程的组织与实施过程也被称为教学过程是课程的核心部分。是指为了达到一定的目标由教师的教与学生的学共同完成的教育学的动态过程。拓展训练课程实施过程同样也是一个由教师与学生共同完成的教育学的过程，因此在课程实施中也要遵循一般的教学规律和原则。但是拓展训练课程是一种体验式参与课程，结合拓展训练的课程特点在课程的组织与实施应当有所不同。拓展训练课程与作为一种体验式教学活动，他有区别于传统教学的独特教学模式。在拓展训练课程的实施中，教师和学生各自担任着不同的角色，学生是主体教师是主导，通过教育学的双边活动最终达到学习内容的综合应用目标。

在准备阶段要根据项目的特点和要求，合理地利用资源为课程的实施做

---

[1] 刘素梅.将拓展训练引入高校体育教学的研究[J].中国成人教育,2007(06):166-167.
[2] 比尔德.体验式学习的力量[M].广州：中山大学出版社，2003:20.

好充分的课前准备。包括场地，器材以及场景的布置。在准备场地时最好提前准备好一是不浪费教学时间，另外一点可以给学生一种神秘感，更有利于提高学生参与活动的积极性。

在活动体验环节，学生参与活动体验是拓展训练课程实施的关键环节，是整个课程设计理念的具体表现和教育内容的载体，也是能否达到预设教学目标的前提。在活动体验过程中教师要做好一名辅助者而不是一个主导者，要帮助和引导学生参与项目体验已获得真实的感受，教师还要做好一个观察者记录学生活动中的表现为分享环节做准备，另外要及时发现问题给予指导使学生合理的完成任务并保持较高的积极性。最后，教师还要合理的利用教学中的生成性课程资源，是体验活动的围绕项目目的进行。

分享与交流环节是拓展训练课程实施的核心，是能否达到教学目标的关键。可分为组内分享和集体分享。在这个环节中首先要强调每个人都是一个聆听者，教师积极引导把学生的真实体验与大家分享交流，在这里没有对错教师也不应当反驳，可以用启发的方式给予引导，另外，要及时交流以获得真实的一手的感性体验，现场分享交流更能体现学生的真实感受这才是本性的真实的东西也最能发现个体的不足之处，以便后期的改进。切不可重于形式，否则拓展训练也就失去了它原有的价值与普通游戏没有差别了。

反思与总结阶段，在分享交流之后教师可以结合对整个体验过程的观察以及学生的分享交流情况进行合理点评和启发式引导。教师的发言要简短扼要，直击重点，切忌说教，可以以一些观察到的学生自身的表现进行实例分析也可以利用一些寓言故事间接说明。这样更有说服力学生也更容易接受。更多的让学生自己去思考从内心上自觉去改变。这样才能充分调动主观能动性，已达到预期的教学效果。

整合应用阶段是课程效果的最终体现，是拓展训练课程之后学生根据自身的感受发现自己的不足，并主动利用学习的知识加以运用到生活实践中并愿意为之改变的过程。将所学知识得以运用到生活也是拓展训练课程最终目的。课程任务的结束不代表课程的结束，而是一个新的开始教师要注意观察学生课程后的变化对课程效果进行合理判断，为后期的课程开展提供参考和依据。

2.初中生拓展训练课程的组织形式

拓展训练课程的特点决定其组织形式相对比较灵活，根据不同的课程内容与要求可以选择不同的组织形式。《学校体育课程指导纲要》指出"根据学校教学的总体要求和课程本身的规律，为了满足不同层次，不同水平不同兴趣的学生需求可以适当改变教学组织方式已达到教学效果"[1]。

目前社会上的拓展训练课程多为集中培训的形式开展,是根据员的实际要求来安排课程。一般最多的课程安排为两天,也有5天,7天,15天甚至几个月,通过短时间利用项目对学员进行不断地心理刺激以达到一定的培训效果。在课程人数上研究表明最合理的分组为一人为一组。然而,在初中开展拓展训练的可以将一个标准班分为两组,也就是说每组在25人左右。学校开展拓展训练课程不能是一次性的,要形成长效模式可以根据学生的发展需求和学校的实际情况每周开展最少一个课时的拓展训练课程,一些对场地器械要求比较高的项目可以集中起来在培训基地或者租用社会上的闲置场地统一开展,以保证课程开展的延续性和实施的有效性。

二、课程评价

课程评价是课程设计的一个重要环节,是依据一定的课程目标在系统的收集相关课程计划实施情况及其结果等方面的基础上,运用一些科学的方法和手段对课程设计本身的设置与实施进行的客观的科学的价值判断过程。通过客观的评价能使课程设计得到不断地检验,修正与改进。从而更进一步实现课程设计的价值。

拓展训练课程是一种体验式课程是以"知,情,意,行"为课程设计理念,注重学习者的心理体验和行为方式的改变,因此在拓展训练课程的评价方面应更加注重学习者在学习过程中的情感体验和行为意识的改变。不仅注重学习的结构更加要注重过程的评价。科学有效的课程评价是课程目标实现的重要保证,也是提高教学质量深化教学改革的重要手段。针对拓展训练课程的特点,笔者认为拓展训练的评价体系应当遵循以下基本原则和方法。

(一)初中生拓展训练课程评价的基本原则

以课程目标为基准面向全体学生。课程目标是课程设计与实施所要达到的预期目标,因此评价指标要紧贴课程目标。但是课程目标的分指标种类繁多,但是不能均等化、平均化,要抓住重点突出核心,在保证整体达到目标的基础上,注重学生的个体差异,尊重学生的兴趣爱好以及不同的发展需求。

---

[1] 徐洁.高校体育课开展拓展训练的现状与对策研究[J].浙江万里学院学报,2007(02):168-169.

注重过程以及学生行为变化的评价。评价的最终目的是为了促进学生的全面发展,但对于拓展训练这一体验式教学的特点和目的对学生发展性评价,主要通过学生在学习过程中的具体表现来实现。学习的过程更能充分反映学生的发展与变化,另外学生的基础不同存在很大的个体差异,过程评价也更能客观反映学生的成长与进步。因此,在拓展训练课程实施评价过程中要注重学习过程的评价重点应指向学生的行为变化。通过个体行为的变化过程来判断学生的发展。

注重多元性评价。这里所说的评价多元化包括多元化主体,多元化方式以及多元化内容等。根据拓展训练课程的特点可以分为多元性评价。主体多元性评价,也就是说要将拓展教师的评价,学生的自我评价,活动小组内部外部的互相的评价以及家长的评价有机地结合起来;评价方式的多元化,在拓展训练课程评价时要将定量评价与定性评价相结合,课内评价与课外评价相结合书面评价与口头评价相结合以及结果评价与过程评价相结合等;评价内容的多元化,拓展训练课程的培养目标是多元的因此评价的内容也应当是多元的,主要包括自我意识,情感与情绪,沟通协调,社会适应,意志品质,学习心理以及潜能激发等方面。

注重个性化评价。个性化评价是指根据不同的学生不是进行一刀切以统一标准来评价,而是尊重学生的个体差异以及不同的成长需求设定不同的评价标准。可以为根据学生个体的情况给每个学生都建立一个成长档案,不以绝对标准来评价学生,以学生自身的成长过程为评价重点,更好地为每一个学生的全面发展负责,同时也便于教师对学生进行针对性的辅导与帮助。

(二)初中生拓展训练课程评价的基本方法

教师评价,拓展训练教师是整个课程实施的参与者与主导者,教师的评价贯穿课程的始末。首先,从开始的学生在参与活动的积极程度,投入度是否把自身的真实体验表达出来。其次,在拓展训练项目的实施过程中教师要多利用鼓励肯定的语言,表情以及肢体动作去激励学生完成任务,让学生主动地去体验已获得真实的感受和表达。最后在总结分享阶段教师要引导学生讨论并表达出自身的真是感觉进行相互的交流,教师给出合理的总结与评价,另外对学生在项目参与过程中的行为表现做出客观的积极性的评价。在课程结束之后拓展教师还要经常结合班主任老师和生活老师进行沟通,对学生课后的日常行为表现进行专业的心理行为评价和总结,从而为进一步开展拓展课程提供参考和依据，也更有利于学生能够得到全面的发展。

学生自我总结评价，自我总结评价过程在心理学上是指学生内省、强化自我意识将外部要求转化为内部需求的过程。学生是课程实施的主体，他们的体验感受和收获是对课程实施和设计的最直观评价。学生的自我评价，一方面有利于学生情感体验的升华将感受与情绪转化为情感和意识，为进一步实现行为转变的教育日的打下基础；另一方面，学生的评价也是课程实施优缺点的客观反映，教师可以根据学生的体验和感受总结在课程设计与实施过程中的优点与不足之处也是教师把握学生学习情况的客观依据，为后期的课程设计与实施提供参考。

社会群体评价，学生是生活在社会中的会存在于一个社会生活群体中，包括家长与同学等，他们在同一生活环境中朝夕相处，直接接触，他们之间的了解更加及时，直接和真实。因此，在评价时要注意搜集同学间的以及家长的反映评价，虽然他们的评价多是停留在表面现象上的，但是也可以作为综合评价的一个参考，也更能对课程进行全方位的评价。

成长档案评价，拓展训练课程是一种体验式培训课程，他不同于其他一般学科教学，其可以量化的成分非常少，评价的主体不是学生知识和技能的掌握而更多地关注学生心理发展过程和情感意识行为的改变。而且评价的参照更多是学生自身的变化。所以有必要根据课程要求和学生特点为每个学生都建立一个学生成长档案。学生成长档案是将学生不同阶段的发展情况特别是心理健康和社会适应方面的发展状况，进行记录形成一个贯穿学生成长整个过程的一个整体发展状况。通过对档案进行分析与研究可以了解每个学生的发展状况，做到因材施教。这个成长档案可以有专业分析机构进行设计，也可以根据切实情况自行设计，主要应包括学生基本信息，评价内容，评价方法和建议等方面。

整体评价。为了把握课程开展对学生的整体效果，可以针对课程内容和教学目标设计一些调查问卷，对调查结果进行整体分析，旨在把握学生心理发展的总体状况，从而有利于有效地调整教育策略。

第三节　中学生拓展训练课程设计策略

一、根据中学生素质差异科学组合训练项目

在了解当代中学生素质现状的基础上，针对他们的不同类型、不同的素质层次，根据不同项目培训目的、意义及效果的不同，科学合理地进行项目组合，才能收到良好的训练效果。

如果我们了解到当代学生性格特征和素质现状的特点，就可以在设计课程时对症下药，具体问题具体分析，真正做到因材施教。例如，学生处在青年时期，具有逆反心理，讨厌纯理论的课程，那么我们在课程设计时就应该多注重内容的参与性，培训课程多以室外项目为主，注重参与和体验的结合，让他们亲自去尝试，去触摸，去感受，只有通过实践式的学习，才能使他们的思想得到升华，达到改变、完善原有的认知或态度，使某方面素质得到全面提高。再比如，我们了解到当代中学生面临的压力在不断加大，经济压力以及人际交往压力，由此引发的心理问题增多，影响了中学生专业素质、文化素质、身体素质，尤其是思想道德素质的健康发展。他们渴望心理交流，但碍于面子等种种因素，找不到合适的机会和人选。针对这一特点，就可以在课程设计时以培养锻炼人际交往的项目为主，通过项目的训练，营造温馨、和谐的交流环境，让学生走入我们设计的情境中，敞开心扉去交流。不仅锻炼了人际交往能力，也排除了心理障碍。

二、素质拓展训练资源的结构化整合

素质拓展训练资源的结构化整合，是指在素质拓展训练课程教学过程中把与素质拓展训练密切联系的设备资源、信息资源、人力资源等和课程内容有机结合起来，共同完成课程教学任务的一种新型的教学方式。目的是为了达到教学内容的呈现方式、学生的学习方式、教师的教学方式和师生互动方式的变革，充分发挥拓展训练实践式、体验式教学的优势，为学生的学习和发展提供丰富多彩的教育环境和有力的学习工具。

三、科学组织课程内容，体现课程价值

课程的价值在哪里？不仅要有一个好的题目，更要有相适应的内容去丰富和充实培训的主题。课程内容的选择和组织是课程编制过程中的一个重要环节。它是课程目标确定之后的后接步骤，也是进行课程实施和课程评价的基础和前提。直接关系到培训目的的实现与否。例如，粗陋筛选的课程内容，无论如何组织也是良莠混杂。同样，经过精挑细选的课程内容如没经过合理的组织，就起不到应有的作用。而课程内容组织的合理与否，对培训师的教学至关重要。素质拓展训练项目种类繁多，同一个项目不同的名称，同一个名称，不同的项目，以及达到同一个教育目的，有多种不同的项目可以选择等等。这都要求培训师根据培训对象的特点和情况作出选择和判断，使用什么项目合适，使用同一个项目的哪一个名称更为贴切，如何进行项目之间的组合最为科学、有效。这些都是培训师必须考虑的重要环节。

（一）课程名称的设计，把握培训内容和培训对象的交集

设计好的课程名称应该是培训内容和培训对象的交集。随着素质拓展训练的不断发展，训练项目涵盖了素质教育的诸多层面，人际关系的培养、团队意识的养成、创新意识的培养等等。随着内容的不断丰富，培训师在训练的时候可供选择的项目比较多，范围比较大，这就要求我们在进行训练时要着力寻找培训的交集点，选择的内容不宜太宽泛，项目名称要新颖，贴近实际，有针对性。例如，"中学生团队能力培养"这样的题目的特点是，内涵和外延界定得比较清楚，一目了然，使人第一眼看了就能够了解项目的有关信息，明白项目操作的实际目的。既可以使同学产生兴趣，也有助于培训师把握重点，对学生素质的薄弱点进行强化训练。

（二）界定课程的内涵与外延

我们在设计课程内容的时候，首先要做的，就是先界定课程的内容，也就是内涵，特别是界定核心内容，就是与培训教学活动联系起来的具有教育教学价值的课程内容。在拓展培训过程中结合训练的实践性和体验式的特点，全面分析拓展训练课程特征，开发更好的拓展训练项目服务于拓展训练活动。其次，确定外延的内容，实质上就是探寻一切有可能进入素质拓展训

练的项目内容，能够与培训目的联系起来的资源。在人们的生活和自然界中存在许多的素质拓展训练课程资源。培训师要充分认识开发和利用各种课程资源对素质拓展训练课程的实施所起的重要作用，可根据本校的优势和特色以及学生的需求，因地制宜地利用与开发校内外各种课程资源，充实课程的教学内容，并将课程资源的开发和利用纳入课程实施的计划之中，为学生生动、活泼、主动地提供丰富多彩的课程资源。

（三）虚拟情境的设置

素质拓展训练的开展，必须学会补充相关的背景知识，给每个项目设置一个虚拟的情境，通过培训师的引导，把培训对象带入情境当中，通过培训对象自身的实践去体会和领悟其中的道理，受到启发。例如，"胜利墙"项目，我们虚拟的情境是"所有的培训对象搭乘铁达尼号去旅行，因为没有钱我们只能买最底层的票，忽然船遇到冰山，发生碰撞40分钟后要沉没，我们必须争取每一分钟，通过唯一的通道(胜利墙)，找到救生艇，求得生存。有这样的背景衬托，再增加一定的音乐背景，使培训课程的主题更加鲜明，更容易启发学生，让学生接受。

（四）课程亮点的设计

在素质拓展课程内容的组合过程中，我们要注意课程的亮点设计。课程亮点的设计能起到画龙点睛的作用。在拓展训练课程中，培训师如何把握恰当的时机，运用引导的方式突出训练的重点非常重要，许多培训师课程之所以不够精彩，就是因为培训师没有把握好时机，没有分清训练项目的层次，或者没有选择合理的方式去引导，上课就是走过场，缺乏重点，导致训练课程缺乏亮点，更抓不住学生的兴趣，激发不了学生的兴奋点，无法产生共鸣，也就无法达到训练效果和目的。

四、素质拓展训练课程的专业化呈现

设计好的课程是否被同学喜欢，能否起到提高学生素质，最终达到改善校风、学风的作用，课程专业化呈现的技术水平高低直接决定了呈现效果的好坏。为了拓展训练课程更容易被广中学生接受和喜欢，作为培训师，首先要充分利用高校丰富的网络和图书资源，了解该领域专业性较强的专著及行业的发展趋势和学术制高点,这不仅给我们带来诸多设计灵感而且对培训师做好课程设计起到重要的支撑作用。其次,把科学合理的课程设计方案和本校各方面成熟的教学和科研资源充分结合,不断设计和开发出新的拓展训练项目呈现给广中学生,满足不同素质层次群体对素质拓展训练的不同需求。

第七章 基于学生全面发展的校园体育拓展训练对策

第一节 加强师资队伍,提高教师专业素质

一、体育拓展训练教师专业素质释义

体育拓展训练教师的专业素质,简单来说就是体育拓展训练教师应具备的教学理念、专业技能与专业知识,这是确保他们能够胜任拓展训练教学岗位职责、促进体育教育教学活动开展的基本的智力性保障。体育拓展训练教师专业素质与其他学科教师的专业素质有一定的共性,但也有体育学科的特殊性。体育拓展训练教师的教学理念主要涉及基本理念与专业理念两个方面的内容,包括学生为本、师德为先、终身学习、能力为重、职业理解与认知、个人职业道德修养等;专业知识主要包括体育教育教学、体育运动、体育课程开发以及体育健康等方面的知识;专业能力主要包括课内外教学与指导能力、课程开发能力、训练与竞赛指导能力,以及体育资源管理与配置能力等。教育信息化背景下,体育教育有了新的载体,教师可以充分利用现代信息技术、计算机技术的发展成果,丰富自己的专业知识、提升自己的专业能力、转变体育拓展训练教师的教育教学观念,科学、合理地构建适合教育信息化要求的体育拓展训练教师专业素质结构,这是实现体育教育思维创新、模式创新、方法创新的必然选择。

二、体育拓展训练教师专业素质构成

体育拓展训练教师究竟该具备什么样的专业素质，这些专业素质又涵盖哪些内容。研究的角度、出发点不同，所得到的结论也不一样。刘志宏提出，体育拓展训练教师在确立正确的现代体育教育观念的同时，要把握六大专业能力的协调发展，即教育能力、教学能力、训练能力、运动能力、组织能力、科研能力。曾剑斌、吴嘉毅等人提出，拓展训练教师应该具备这些素质：教师职业道德、教学能力、善于运用教材能力、精练的语言表达能力、观察判断的能力、指导运动训练的能力和教育科研能力等。因此，我们可以得出，体育拓展训练教师应具备道德素质、身心素质、教育观念、知识结构以及能力结构这五方面的专业素质。

（一）道德素质

道德素质一直是教师专业素质构成中最关键的素质，教师要教书育人、为人师表，自己具备良好的素质是不可缺少的。现在的体育拓展训练教师缺少的往往是对体育教育事业的真正热爱和奉献精神，很多时候仅把体育拓展训练教师当作谋生的一种职业。要提高体育拓展训练教师专业程度，拓展训练教师从自身思想上应当有所改变，对待体育拓展训练教师这个称呼要有强烈的使命感和主人翁意识，要以教育事业为荣，在工作中热爱学生、尊重信任学生。

（二）身心素质

面对当今社会的巨大压力，如何更好地适应社会、适应环境，对体育拓展训练教师本身就是个挑战。体育拓展训练教师在课堂中与学生的接触较多，对学生的影响较大，只有当其具备良好的心理素质时，才能以充沛的精力投入教学中。体育拓展训练教师如何以最好的心理状态参与教学，从而更好地影响教育学生，还需要进一步的研究。

（三）教育观念

教育观念是教师对教育问题最基本的看法和认识，是教师对教育事业所持有的理想和信念。它指导和支配着教师的教育行为和实践。体育拓展训练教师应当树立正确的教育观念，认识到体育教育的重要性。在教学时根据学生身心特点，通过激发学生兴趣、学生运动潜能，用学生乐于接受的方式引导学生热爱体育，培养学生终身体育的观念，做专业化的体育拓展训练教师。

（四）知识结构

体育拓展训练教师的知识结构主要包括学科专业知识、教育专业知识和科学文化知识。其中，学科专业知识是体育拓展训练教师胜任本职工作的基础，也是体育拓展训练教师专业素质和水平的体现，更是促进体育拓展训练教师专业化发展的重要保障。体育拓展训练教师要实现专业的不可替代性，就一定要具备扎实的体育学科专业知识，如体育课程标准、体质健康、体育教育科学、生理保健、体育比赛等各方面体育专业特有的知识。

（五）能力结构

体育拓展训练教师作为体育教育工作的专门人才，需要全面的专业业务能力，包括运动训练能力，拓展训练教学能力，各种课外体育活动的组织、管理能力，体育科研能力，等等。更重要的是要有不断完善自我的追求，要努力使自己的能力结构更加符合教育的需要。

三、中学体育师资队伍建设不足

（一）体育学科不受重视

中学体育拓展训练教师的年龄和职称结构存在失衡现象，高职称的教师即将退休，年轻教师学历和职称不够；中学拓展训练教师的职业生涯规划和学术理想信念存在较大偏差；中学体育拓展训练教师的专业能力良莠不齐，部分教师专业技能单一，不能满足中学教学需求；中学体育拓展训练教师学历参差不齐，对中学体育师资队伍的协调发展造成不利影响。因此，中学管理者需要提高对体育学科的重视，优化教师职称结构及教育理念。

（二）教师管理体系不完善

中学开展的体育拓展训练教师管理工作直接关系到中学体育师资队伍建

设效果。目前，我国部分中学并未认识到新时期的体育教育要求，仍旧采用传统的中学体育拓展训练教师考评体系，导致中学体育拓展训练教师管理和教学实践、体育学科发展存在脱节现象，不利于中学体育师资队伍的建设。具体而言，中学在体育拓展训练教师管理方面的不足体现在考评体系注重学术论文、晋升渠道单一等方面，使中学体育拓展训练教师的教学和科研行为存在显著的功利性特征，不利于中学体育教育的健康可持续发展。[1] 因此，中学管理者需要结合新时代对体育拓展训练教师的新要求，改进中学体育拓展训练教师管理制度和考评体系，使其更符合中学体育教育实际，并注重中学体育拓展训练教师的师德师风建设，促进中学体育师资队伍的可持续发展。

（三）体育拓展训练教师素养不足

中学体育拓展训练教师培训的缺乏使高质量体育师资队伍的建设受到影响。对于中学青年体育拓展训练教师而言，学术研究和体育课堂教学是其工作的重点，也是弱点，青年教师的学术研究能力偏弱。在此基础上，中学管理者需要改善中学体育拓展训练教师的晋升渠道，降低中学体育拓展训练教师的论文数量要求，职称名额上相对偏向科研能力较弱的体育拓展训练教师方面，并为中学体育拓展训练教师提供学术交流和自我完善的渠道，确保中学体育拓展训练教师能够兼顾学术论文和课堂教学。

四、提高体育拓展训练教师专业素质的具体途径

体育拓展训练教师的专业素养如何、专业素质是否符合新时期体育教育信息化教学活动的开展要求，这不仅对广大的体育拓展训练教师职业发展会产生显著的影响，还会对体育教育教学活动的开展、教学创新产生直接的影响。体育拓展训练教师专业素质的提高应重点做好以下几点。

（一）更新教育理念，夯实教师专业素质提升的基础

理念是行动的"先导"，教师必须要强化终身学习、能力为重的教育理念。体育教育信息化已经成为体育教育发展的必然趋势，信息技术的发展和应用为体育拓展训练教师专业素质提升、拓展训练教学活动的开展搭建了一

---

[1] 李艳君.高中拓展训练教学中培养学生终身体育意识的方法[J].当代体育科技，2019，9（18）：124-125.

个数字化、网络化、智能化的学习平台，所有的拓展训练教学资源几乎都实现了无缝衔接，教师能够通过平台来完成自我学习，但这也给体育拓展训练教师的日常教学、教育评价提出了更高的要求。体育拓展训练教师不仅仅是体育课程教学的组织者、实施者，更应该是新技术、新知识的学习者。信息化时代背景下，体育训练、竞赛知识的传播变得十分便捷，学生能够通过各种渠道学习新知识，如果教师仍然固步自封、停滞不前，就会出现教师的教与学生的学不匹配的情形，学生为本、师德为先、能力为重的教育理念也就很难落到实处。教师体育专业素质的培育与提高、培养复合创新型高素质体育专业人才目标的实现都离不开现代信息技术的支持。要树立终身学习的理念，注重提升个人的专业修养、注重自身的职业道德建设，边教边学，在职前教育、职中培训中不断地汲取营养，以身作则，端正教育态度、学习态度，科学、正确地认知信息化背景下体育拓展训练教师职业定位，引导学生端正学习态度、树立终身学习的理念，夯实教师专业素质提升的基础。

（二）加强技术指导，注重提高拓展训练教师信息获取能力

信息已经成为现代拓展训练教学的优质、必备资源，教师的拓展训练教学知识、体育运动知识、体育健康教育知识、体育课程开发知识等都可以通过体育教育"信息"来获取，而且这也是目前获取、学习专业知识的最为便捷、主要的渠道。因此，只有提升体育拓展训练教师的信息获取能力，才能够帮助他们尽快掌握体育运动、健身的新方法，促进教师身心、技能与教学适应能力的协调发展。以计算机技术、网络技术在课堂教学中的应用为例，体育拓展训练教师可以根据教学模块需要来选择教学音频、视频、动画、比赛影像等多媒体教学资源，教学更加直观、效率更高，而且学生能够在直观地感受、认知的过程中尽快地掌握教学内容。

加强对体育拓展训练教师计算机技术、信息技术、网络技术、多媒体技术等的现代化技术培训力度，引导他们将体育学科知识教学与信息技术学习融合在一起，学会运用信息技术来分析、解决拓展训练教学中的实际问题，从而为提升体育教育质量提供必要的工具支持。实践中，培养体育拓展训练教师的信息获取能力必须要严格遵循"按需实施""注重实效"的原则，信息技术知识繁多，而我们体育拓展训练教师教学目标又十分明确、教学内容相对固定，在开设信息技术教学课程时，可重点加强体育信息技术应用、网络信息资源检索、体育科研信息利用等方面的技术培训力度，采取诸如开设

专题讲座、校本培训的方式提升体育拓展训练教师专业素质水平。以体育课程开发知识模块为例，体育课程开发知识主要涉及原理认知、课程目标确定、培训内容选择、校本课程开发、校本课程评价等几个环节，只有将"教育信息化的理念"融入每个环节，体育课程开发才能够实现科学化、信息化，达到事半功倍的效果。

（三）建立完善的培训机制，促进体育拓展训练教师专业技能转化

专业技能是衡量一名体育拓展训练教师教育、科研水平能力高低的主要尺度，其对拓展训练教学目标、学生培养目标的实现能够产生决定性的影响。体育教育的信息化，首要的就是必须要明确体育教育信息化的目标、任务以及影响要素，以此为基础，全面思考需要体育拓展训练教师重点提升哪些方面的技能，分阶段、分步骤、分重点地来提升体育拓展训练教师的专业技能。理论基础、专业知识衡量的一个体育拓展训练教师自身的综合素质、个人修养，而专业技能则体现的是拓展训练教师将体育理论、体育专业知识转化为教学成果的水平的高低，某种程度上来说，拓展训练教师专业技能的高低决定了他们专业素质水平的高低。

一要重视体育拓展训练教师专业能力训练，提升体育拓展训练教师专业知识应用水平。教学专业技能方面，要通过建立完善的教育培训机制，从职前培训、职中培训到教师的自我发展学习，明确每个阶段的学习目标（如需要掌握的信息技术模块知识等）、考核评价的内容，丰富拓展训练教学手段，加速专业技能的转化；组织指导技能方面，拓展训练教师要善于从现代信息技术中挖掘拓展训练教学资源，并将其与自己所掌握的知识、技能进行融合，渗透到体育课堂教学、体育科研活动过程中去，丰富拓展训练教学的内容，拓宽拓展训练教学的渠道。

二要加强体育拓展训练教师信息素养培育，促进体育拓展训练教师专业技能转化。新形势下，体育拓展训练教师专业素质的培养，必须要依托于"互联网+"发展的成果，注重体育拓展训练教师信息素养培育，推进体育教育的信息化，将体育拓展训练教师素养培育作为拓展训练教师专业知识获取、体育专业技能转化的"驱动力"，这是教育信息化背景下拓展训练教师专业素质提升的重要体现。信息素养培育的过程也是广大的体育拓展训练教师理论能力、教学能力提升的过程，体育拓展训练教师综合素质、个人修养、教育教学水平的高低与自身的信息素养有着密不可分的关系。教师信

素养的高低将会直接影响他们体育专业技能的转化结果。

（四）全面推进体育教育研究与教学的信息化

教学研究是发现科学知识、实施教学创新的体系导向。本质上来看，体育教育既属于教育范畴又属于体育科学范畴，因此教学信息化背景下体育拓展训练教师专业素质的培养、提升必须要注重体育研究、拓展训练教学的信息化。现代信息技术、科学技术的快速发展，使体育科学出现了许多新的知识的"增长点"。比如，体育科学与社会科学的结合、体育科学与哲学的联系、体育科学与自然科学的衔接、体育科学与数学学科连接的"萌芽"等。这些新的发展趋势、增长点的出现，为我们广大的拓展训练教师利用信息技术、计算机技术开展拓展训练教学实验、搜集拓展训练教学资料、加强体育专业知识与技能学习、撰写体育专业学术论文提供了新的切入点。"互联网+"技术、三维仿真技术、云技术在体育学科教学中的应用，体育训练、竞赛的动作示范更加标准、规范，可供教师的"教学"、学生的"学习"模仿的动作变得简单、明了，体育学科研究、拓展训练教学的水平、质量大幅提升。因此，以体育教育的信息化作为"切入点"，全面推进体育教育研究、教育教学的信息化就成为一个有效的路径。

第二节 加强硬件设施，完善场地训练器材

工欲善其事，必先利其器。中学拓展训练的开展，需要优良的训练场地、配套的训练器材，加强硬件设施是学生全面发展的校园体育拓展训练不断发展的一剂良药。

一、场地建设

（一）场地建设的现状

一个学校的场地器材是保证学校开展拓展训练项目最基础的条件。目前，全国诸多中学场地不多、不大，严重影响到拓展训练的开展和发展，以山西为例，据调查了解，山西省中学学生开展拓展训练项目仅限于定向运动

和户外运动，部分学校考虑到开展户外运动存在安全问题，只开展定向运动，这样就限制了拓展训练的发展，同时只在学校内操场上进行开展，这样严重制约了拓展训练的普及和推广。总之，全国诸多中学的拓展训练理论与实践活动刚刚起步，发展正在处于初级阶段，学校出于对传统项目的稳定开展，对于拓展训练项目资金投入不是很大，所以在某个程度上制约着拓展训练的发展，而一些社团也在开展此项目，但是参加成员较少，影响力甚小，筹措资金很少，所以很难保障拓展训练能在学校大力发展。

（二）拓展场地建设的合理途径

学校场地设施是开展体育活动的最基础的条件，学校可以逐步、分批的将拓展训练引入体育课程中，因此可以首先应该引入一些安全系数高、教师和学生可操作性大、投资相对较小、对场地器材要求较低的来开展，如一些拓展训练的游戏：盲人接力赛、桃花朵朵开、解锁码、风火轮、坐地起身等项目。当学生慢慢进入状态后，条件逐渐成熟后，再适当引入一些难度较高、相对安全、具有挑战性和创造性的项目，这时要求建设拓展训练的场地和准备器材来保证拓展训练在学校的发展。

中学学生在利用学校内场地的时候，同时应该关注学校周边环境，建设拓展训练相关基地，扩大和健全拓展训练所需要的场地，便于能够全面开展拓展训练活动。拓展训练基地在保证课程正常安排的情况下，可适当向社会开放，这样既可以满足学生和教师上课的需求，又可以适应社会的发展，还能让拓展训练设施充分发挥其功能和价值。

学校拓展场地的建设可以从多种途径做到有效解决：

（1）以学校综合教育为主体，由学校相关部门建设、学生处管理，主要用于学生拓展训练教学。

（2）以满足社会需求的培训活动服务和学校合作建设。

（3）以建设野外地区场地来从事拓展训练，但野外环境复杂多变，拓展场地的安全性尤为重要，应该在具有专业资质、有较好地处理经验的培训师带领下，体验野外拓展培训。

（4）制定拓展训练场地设备管理办法，既要确保学生能安全、充分地利用场地设备，同时对场地设备进行定期维护，保障场地设备的使用年限。在目前国内拓展基地建设良莠不齐，难以规范统一的情况下，拓展训练基地的建设必须到达安全系数高、拓展项目领先的要求。现在基地的建设采用国家体育总局出台的 GB19079《体育场所开放条例与技术要求》第 19 部分（拓展场所）和国际登联等权威认证机构的户外拓展器械标准[①]。

(三) 安排训练场地的合理标准

1. 依据训练人数安排训练场地

中学体育拓展训练教练人员在对学生进行训练时，要根据训练人数的多少，合理安排各种可行的练习活动，从而高效地利用训练场地。如在带领学生进行拓展训练时，学校只有一块场地，若是 40 人同时进行训练，场地的选择安排就有很大的局限性。若是有 60 人同时进行训练，场地的训练安排方式还需要做出改变。总之，具体问题具体分析，对场外学生如何规定活动范围，需要体育拓展训练教练人员提前做出规划。

通过这样的例子可以发现，场地的安排需要根据训练人数确定，训练人数越多，场地的安排就越困难。为此，在实际训练之前，体育拓展训练教练人员一定要了解同一时间有多少体育学生参与训练，这样才能更好地保证场地选择的科学性。

2. 依据训练内容合理安排场地

中学学生训练的场地选择，很大程度上是根据课程安排内容确定的，训练内容不同，选择的场地也会不同。

3. 遵循"四最"原则，合理安排场地

在教练人员带领学生进行训练时，训练场地的选择还应该符合"四最"原则，即最节省、最安全、最合理、最高效。

最节省主要是指要充分利用场地，尤其是在小场地中，要每一个角落都利用到。

最安全是教练人员在选择训练场地时必须要树立的一种意识，无论场地大还是小，都必须要进行安全规划，这样才能确保中学学生在进行训练时，任何一个环节都不会发生伤害事故。

最合理主要是指在满足安全和节省的前提下，要确保选择安排的训练场地是便于教师观察指导的，这是场地布置最低的要求。

最有效主要是指尽可能发挥场地最大限度作用，做到同一场地多种功能利用，从而更好地满足中学学生的训练需求。

---

① 吴兆方，陈光曙. 大学生素质拓展训练拓[M]. 同济大学出版社. 2010，123.

二、器材建设

（一）器材建设现状

拓展训练器材设施是进行拓展训练课程教学所不可或缺的因素，器材设施的好坏直接决定着拓展训练课程的效果。然而，同场地建设一样，诸多中学器材设施都不能完全满足教学要求，影响了很多项目的开展。很多中学只是安装了一些比较简单的器材，像背摔台、求生墙等，没有高空项目的装备和设施，因此器材的匮乏已经严重制约了拓展训练在中学的开展。

（二）安排训练器材的合理途径

1. 器材安排要考虑细节

在学生训练中，器材安排必须要考虑细节，有时一个很小的细节处理不当，就很容易发生训练安全事故。例如，在对学生进行拓展训练时，器材的安放位置就会对最终的训练效果产生影响。因此，教师应根据想要实现的训练效果及学生的身高情况，在训练过程中适当调整器材的高低远近。只有从细节入手，确保训练器材投入的科学合理，才能更好地保证训练效果。

2. 正确使用体育器材，提高体育器材利用率

在中学体育学生训练过程中，教师合理安排体育器材的重要体现，还在于教会学生正确使用器材。如在学生实际训练前，教师应该将相关器材的使用方法告知学生，并在学生运动训练过程中不断帮助他们纠正错误的训练行为，这样才能更好地发挥体育器材的作用，从而为学生进行科学训练提供保障。此外，还应该合理高效地看管保护学生训练中使用的器材，确保每次训练结束后，对相关的器材一一检查收放。在这样科学有效的管理下，学生体育器材的使用效率得到提升。

3. 善于开发、改造器材

现阶段，很多偏远地区的中学在体育教育资金方面存在短缺，导致体育训练器材不足或短缺，这对学生的训练造成一定的影响。倘若中学拓展训练教师要能够结合学生的训练需要，自主开发、改造器材，这也是教师合理安排体育器材的一种体现，可以更好地为学生的训练提供保障。如教师可以带领学生就地取材，利用废旧布、沙子等制作沙包，利用废旧轮胎作为田径运

动训练中的障碍物和负重物，从而更好地对学生进行训练。

就地取材、改造器材不仅弥补了体育器材短缺，还激发调动了学生的创新能力，可有效激发学生的体育训练兴趣。

三、经费投入是解决关键

不言而喻，场地与器材建设的不足，多半是因为资金短缺。经费投入才是解决问题的关键之一。

（一）加强领导和管理者对拓展训练的认识

拓展训练作为一种"体验式"教育模式，它的教育性和功能性优势明显，如何更好地提升对拓展训练的认识成为亟待解决的问题。中学领导和管理层对拓展训练的认识有待提高，可以通过对管理者和领导展开拓展训练的知识讲座，邀请社会拓展训练培训机构专业人士对拓展训练的功能和价值进行深入剖析，使领导和管理者真切、透彻地认识拓展训练的价值和意义。因为仅仅依靠拓展训练教师和爱好者单方面的力量是有限的，想改变中学拓展训练的现状也是不太乐观的，必须有政策自上而下的支持。

（二）加强中学生对拓展训练的认识

中学生普遍对拓展训练的了解程度不深，学校可以通过网络教务等平台对拓展训练相关知识、图片等进行展示，达到宣传的效果；开展拓展训练的中学可以积极发挥学生的优势，支持学生多种参与形式，如积极组织社团校际交流及相关比赛活动等等，有利于拓展训练在中学的推广和普及、共同发展。

（三）加强安全教育宣传

安全是拓展训练开展的重要因素，安全有所保障，安全意识有所提高，当然会有利于拓展训练在中学的推广和普及，外界投资自然水到渠成。中学必须重视拓展训练安全教育的问题，学校可以通过课前进行系统的安全教育，加强教师在教学中全过程的安全监督，针对共同担忧的安全问题，中学需要加强拓展训练安全教育宣传，健全保障体系与保护政策。

拓展训练在中学的健康、和谐的发展离不开有效的安全保障体系。在建立安全保障体系中，应由学校统一配备符合拓展训练要求的基本装备和技术装备；制定拓展训练设施使用和管理要求，定期对训练场地和器材进行检查，维护好训练场地和器材；制定安全条例并装订成册发给学生阅读和学习；制订拓展训练的应急预案；制定拓展训练技术操作流程，形成有效地安全保障体系。同时也要培养大学生的安全防范意识和安全防范技能，提高学生解决突发问题的能力。

总之，拓展训练的作为一个新型项目引进学校，学校受到传统项目的制约，资金方面也相应很少，学校应该适当吸收社会资金来促进学校的发展，来保证教学的正常进行，拓展训练的可持续发展，同时学校也可以参与服务社会，开发拓展训练的经济价值，让社会上的爱好者也可以参与到拓展训练中来，另一方面，学校可以和社会合作，建设一些关于拓展训练的基地，这样学校的经费也可以得到解决。

第三节　进行风险评估，建立安全保障体系

安全是拓展训练培训过程中的一项重要责任，一定不容忽视，要尽可能地通过一定的手段来保障拓展训练各种环节的安全。各项户外活动的保护装备均使用一流的专业器材，并由经指导监控活动的全过程。因此，必须要有针对性的防范工作保证拓展训练引入中学体育课堂的顺利实施，课程的安排要经过详细的制定和安排。当然，真正的安全不能只靠制定相应的制度就能得到实现，只要实施者能够灵活依据不确定因素制定安全的预案，干扰或者消除不稳定因素，一定能使项目顺利开展。拓展训练有一定的风险，但是这是可以避免的，建立健全安全保障体系，制定相应制度以便应对突发情况。

一、一般风险识别理论

风险识别建立安全保障体系之前首先要进行的工作。对具体项目任务存在的各种可能导致风险的因素进行比较分析，去伪存真，最终识别出各种显性和隐性、明显和潜在的风险因素以及有可能发生的风险事件，估计这些风险事故发生后可能造成的物质与人身损失以及心理与社会效应，就是风险识别的主要内容[①]。由此可见，风险识别是风险管理过程中最基础的工作环节，

---

① 马文·拉桑德.风险评估：理论、方法与应用[M].北京：清华大学出版社，2013：163.

为风险评估、风险应对等其他环节的实施和开展提供前提。如果缺少风险识别环节，风险因素不能被科学方法的识别出来，就不会掌握可能发生的风险事故是什么，有何危害程度，因而也不可能对风险发生概率大小、危害大小进行评估，就更加不会知道该采取何种防范与应对风险的最佳决策与措施。在实际工作中，因为没有意识到风险的潜在存在，也没有采取任何预防、控制等措施，各种客观存在的风险因素转化成风险事件、甚至引起损失的可能性就会极大增加。风险识别作为风险管理程序的首要环节，其结果是否精确、科学、全面直接关系到风险管理成效，可见风险识别的重要性不言而喻。

（一）风险识别的基本特征

风险识别具有"是风险管理过程的重要环节、是一项复杂的系统工程、是一项连续性和制度性的工作、是一个长期的过程、以衡量和处理风险为目的"等特征。风险识别的基本特征可以归纳为全程性、全员性、动态性和信息性等四点。

1.全程性

在任何项目任务中只要存在未知，就一定存在风险因素以及发生风险事故的可能，即便是在一定阶段风险因素被识别并被处理，但随着事物变化一定会有新风险产生的可能，应该说风险因素贯穿了项目的全过程，因此风险识别是风险管理必备的，也是全程具备的工作环节。

2.动态性

物质是不断发展变化的，项目的各种要素也在不停变化，风险因素同样也会随之发生变动。风险因素总是随着时间、空间的变化以任务完成的进展发生着动态变化，因此风险识别的过程一定不能仅局限于事前，它是一个连续的循环往复的动态过程。

3.全员性

人是项目工作中最复杂的因素之一，因为不同个体对风险管理的知识、技能以及意识水平均存在差异，在未知风险面前每个人的风险管理经验又具有一定的局限性，为确保风险能够及时、全面、准确地被识别，风险识别工作需要风险管理组织全体人员共同完成。

4.信息性

识别风险需要历史资料作为依据，需要在搜集大量资料信息的基础上展开，这些信息的真实程度、数量、质量等情况对风险识别的效果将产生极大影响。

（二）风险识别的内容

尽管不同的学者从不同的学科角度对风险识别进行了界定，但不管是哪一种定义，基本蕴含了风险识别的主要内容与任务。综合来看，风险识别的内容无外乎有如下几个方面：

（1）感知风险，即通过调查和了解，识别风险的存在。

（2）识别、排查和归纳风险源的种类，从风险源出发分门别类查找对应的可能引发风险事故的因素。

（3）识别各种风险因素可能引发的风险事故的种类。

（4）识别可能导致人身伤害的事故类型及后果类型。

（5）伤害发生的可能性，即描述是否会导致伤害的可能性。

（三）风险识别的原则

风险识别是风险管理实施和执行的第一步程序，感知识别客观存在的风险，分析风险产生的潜在因素，对于选择合理、有效、针对性强的风险应对策略有着基础性和决定性意义。风险识别工作十分复杂，一方面缘于风险客观上存在隐蔽、复杂、不确定、多变等特征，另一方面还因为识别效果会因识别人员主观上具备的风险意识和知识、对风险的洞察力和应对态度等存在差异而有所不同。其中，风险管理者自身素质会对风险识别是否全面、系统、深刻、详尽产生直接影响，由此也直接影响风险管理的决策质量，并进而影响到整个风险管理工作的最终效果。鉴于风险识别的重要性、基础性和复杂性，为兼顾确保风险管理的整体效果和最终效益，风险管理者在实施风险识别工作时应遵循一些基本原则。风险管理学者范道津和陈伟珂[①]对风险识别的基本原则做了较为系统的梳理，提出了完整性、系统性和重要性等三条原则。在此参照两位学者的观点，将三条原则细化为"全面系统、综合考量、轻重有别"等原则。其中全面系统原则、综合考量原则能够确保风险识别的效果，而轻重有别原则能够提高风险识别的效率。

1. 全面系统原则

为了提高风险管理的效果，应对各种风险因素、可能发生的风险事件以及后果损失的程度，进行全面系统的识别和查找。从活动全局角度，系统地对风险进行识别，可以根据时间维度和空间维度展开。时间维度方面，按照

---

① 范道津，陈伟珂.风险管理理论与工具[M].天津：天津大学出版社，2010：31.

活动进行的各个流程阶段的风险潜伏环境、工作特点等识别风险因素；空间维度方面，根据不同的工作内容和工作场景对潜在风险进行辨别和感知。全面系统原则强调对活动的人、物、环境、管理等要素、活动流程的各个单元进行全面系统的分析识别，可有所侧重，但不可忽略任一环节。

2.综合考量原则

风险管理对象是一个由多个、多类要素组成的复杂系统，包括各种不同类型、不同性质、不同损失程度、不同发生概率的潜在风险。正因为风险系统的客观复杂性，使用单一风险识别方法往往效果不佳，必须通过多种方法和技术配合使用，弥补克服风险管理者主观上的不足，才能达到尽可能全面地识别各种潜在风险的目的。

3.轻重有别原则

在风险管理活动中，通常风险因素的类型繁杂且数量较多，而风险管理资源是有限的，这就要求在风险识别过程中要区分主次，抓主要矛盾，对潜在风险的识别有所侧重，轻重缓急有所区别。

风险识别工作的侧重点应主要着眼于两点：其一是首先要识别出可能导致风险后果损失较大的风险因素，对于后果损失较小的风险则不必花费较大的人、财、物、时间等资源进行分析和识别，有利于节约成本，提高风险识别的效率和效益；其二是将对整个活动目标达成具有重要影响的工作单元和活动要素作为识别重点。风险管理是某一组织的管理活动，必须以组织整体目标的达成为基本要求，因此确保识别出对组织目标达成有关键影响的工作单元和活动要素的潜在风险尤为重要。

二、一般风险评估理论

任何领域都是如此，必定存在各种各样的潜在风险因素，也存在发生各种风险的可能，而且每种风险的发生概率、后果损失程度、损失的分布等情况各不相同，要提高风险管理效率和效益，就必须有针对性地对不同的风险采取有区别的风险应对策略，以达到规避、减缓或转移风险的目的。如何做到有效选择实施不同的风险应对策略，其关键在于以科学的风险评估结果为依据。

（一）风险评估界定

风险评估又称为风险衡量、风险量化，在风险管理程序中处于风险识别与风险应对之间，是风险管理的关键环节之一。通过合适的工具和方法，对中学户外运动风险进行评估，可以实现对各种中学户外运动风险的分析定量化。中学户外运动风险的发生概率、损失严重程度的大小和损失分布情况的获取，能为中学户外运动风险管理者选择最佳的风险管理技术，有针对性制定科学有效的风险应对决策，提供直观可靠的依据。因此，风险评估既是对风险识别的深化，也是选择和实施风险应对策略的依据。

通过查阅分析风险管理、风险评估等专业书籍资料发现，目前学界关于风险评估的概念界定有多种。例如马丽华、周灿[1]提出，风险评估是对识别出的某一特定风险的性质、发生可能性以及可能造成的后果损失进行估算和测量；刘钧[2]认为，风险评估的本质就是运用概率论和数理统计的方法估计某一特定或者几个风险事故发生的损失概率和损失程度，他还强调"风险衡量应以分析以往损失资料为基础，风险评估结果是选择风险管理技术的依据"；陈全[3]认为，风险评价是对潜在风险进行评估，对现有控制措施综合考虑，确定潜在风险是否可以接受的过程。还有许多学者对"风险评估"的概念作出了界定，虽在表述上有所不同，但在内涵上与上述概念大同小异，基本一致。上述学者关于"风险评估"的定义共同表述了五点内涵：

（1）风险评估的内容有两点：一是估算潜在风险的发生概率，二是测量风险事故预计的的损失程度。

（2）风险评估的评估对象是某一个或某几个特定的风险事故。

（3）风险评估应是一种定量化分析，主要方法是概率论和数理统计。

（4）风险评估的目的是为风险管理者选择风险管理技术和风险应对策略提供科学依据。

（5）风险评估的前提是分析以往风险损失资料并识别风险，充分有效的统计数据是风险评估的重要条件。

（二）风险评估的基本方法

目前，风险评估的常用方法有层次分析法、模糊数学法、蒙特卡罗法、计划评审技术、列表排序法、矩阵分析法等，该部分并非主要讲解内容，在此不作赘述。

---

[1] 马丽华，周灿. 风险管理原理与实务操作[M]. 长沙：中南大学出版社. 2016：50.
[2] 刘钧. 风险管理概论：第2版[M]. 北京：清华大学出版社. 2008：71.
[3] 陈全. 职业健康安全风险管理[M]. 北京：中国质检出版社、中国标准出版社，2011：50.

三、拓展训练的风险识别和评估

（一）拓展训练的安全风险分类

拓展训练风险各异，因此从不同的角度认识拓展训练安全风险是十分必要和必需的。

按风险程度的大小划分，拓展训练风险有重大、中等、轻微之分。拓展训练的风险程度与安全事故呈正相关，风险越大，发生安全事故的严重性越高，反之亦然。按风险的存在表现形式划分，分为隐患和暴露。隐患风险容易被人们忽视，并且把握起来有些难度；暴露风险相对来说容易把握和规避。按风险存在的不同项目划分，拓展训练的安全风险主要分为水上、野外、基地、室内、高空等，每个项目的风险系数大小不一。按风险发生的载体划分，拓展训练的安全风险可以分为项目器材安全风险和场地安全风险，需要解释的是，二者有时会发生相互叠加的危险，因此要格外的注意。

（二）拓展训练安全风险的识别方法与评估

目前，风险管理中比较常用的风险识别方法主要有现场调查法、检查表法、流程图法、事故树法、可行性研究法等。

虽然可使用的风险识别方法有很多，风险管理人员应当根据自身的实际需要和具体的管理情景选择不同的识别方法或者选择某几种识别方法的组合。风险评估是测评某一事件或事物带来的影响或损失的可能程度使其量化。评估方法可以采取风险因素分析法、定性风险评价法、定量风险评价法等。

风险因素分析法一般先"寻找风险源"，识别"风险转化条件"，确定"转化条件"是否具备，估计"风险发生的后果"，最后做出"风险评价"。定性风险评价法是指通过观察、

调查与分析，借助经验、专业判断等对拓展训练安全风险进行定性评估。定量风险评价法通过某项风险过去发生伤害事故的次数与风险本身比率，计算其风险程度。

（三）影响拓展训练安全的因素

1. 人的因素

人的因素是指人的行为的结果偏离了预定的标准，也称"人的失误"。拓展训练中实施训练工作人员的职责业务水平要求是相当高的，有些拓展训练事故的发生原因就是因为工作人员的失误，易犯以下错误：安全防范意识弱、脱险技术不熟练、对学员的指示不明确、监控力度不够、未能及时纠正错误、训练设计不全面、训练手段不够灵活、不了解不同人群的特点和需要。所以要想避免以上不良情况，更需要拓展工作人员通过不断学习和实践，使自己成为一个更加专业的拓展训练师。

2. 物的因素

物的因素是指由于物的性能低下而不能实现预定的目标，也称"物的故障"。主要分为场地的选择和设施器材安全。不同的场地选择对应的风险也是不同的，野外拓展环境因不可控因素增加，比人工场地的风险更大；然而人工建成的拓展训练场地，易在认识上产生疏忽大意，需要更加注重细节以降低风险，并且在建设场地难免会出现一些"门外汉"的负责人。举例而言，在他们看来场地应该是水泥地或是塑胶，这样的场地才是规范的，其实从安全性来说最原始的有土的场地在一些小的摔跤受伤方面要好过塑胶和水泥地。设备器材、保护器械的安全选择与使用对拓展训练起着至关重要的作用，对学员的身心安全有不可替代的作用。

3. 环境因素

环境因素是指组织存在或系统运行的环境既包括温度、湿度、照明等物理环境，也包括规章制度、组织文化及氛围等组织环境。环境因素会影响拓展训练的开展和进行，物理环境是不可控制的，但可以选择项目做还是不做。然而规章制度组织文化及文化氛围等组织环境是需要长期积累并且不断地改进、探索才可形成的环境，因此相对来说比较复杂。值得注意的是，事故的发生往往不是简单的一个因素，更多的情况是由多个因素交互作用导致的事故。它们之间是相互联系、相互作用的，需要拓展训练师更加全面有机地看待这三类因素。

四、中学拓展训练教学风险应对策略

前文已经讲述了影响拓展训练安全的三大因素，结合中学拓展训练来看，影响拓展训练安全的因素可以具体划分为几大方面，即教师、学生、场地以及学校管理，对症下药，逐一击破。

（一）中学拓展训练教学教师因素风险防范措施

树立拓展训练教学教师正确的风险认知观。拓展训练教学教师树立正确的风险认知观是教学工作得以顺利开展的前提，拓展训练教学教师的风险认知观主要是拓展训练教学教师在工作中，通过自身的经验与体会，对教学过程中可能存在的教学风险做出的一系列认知和反应判断。在拓展训练教学中每一项活动都是由拓展训练教学教师亲自参与并指导的，且每一位拓展训练教学教师对于教学风险事故并未亲身经历过，极大部分的拓展训练教学教师对于拓展训练伤害事故的认知都仅仅停留在理论的初级阶段，对于一些可能发生危险事故因素的认知存在一定的误区。因此学校可以通过组织风险认知学习来加强拓展训练教学教师的风险认知观念，减少拓展训练教学教师的理论误区，这对避免因为拓展训练教学教师因素而造成拓展训练伤害事故起着重要的作用。

加强拓展训练教学教师责任心，提高拓展训练教学教师的教学水平。良好的品行、广博的知识、富有激情的教学都是优秀拓展训练教学教师的代名词。拓展训练教学教师在教学时既要严肃认真，也要具有足够的耐心，切不可挖苦学生，使学生失去学习兴趣。拓展训练教学教师在授课时面对学生要保持良好的心态，关心热爱学生，严格控制自己的情绪。拓展训练教学教师在教学内容的选择上既要根据大纲要求设计教案，可以适当加入自己的教学思想，使教学内容更有针对性。授课时要语言规范、思路清晰、动作示范到位。拓展训练教学教师要不断提升自身的教学技术水平，积极参加教学讲座和继续学习。教课的过程中，需具备各种专业能力，如能准确、简练、科学的传达教学内容的能力；合理的选择、正确的安置器材的能力；对拓展训练器材进行简单的维修与保养的能力；对于可能存在的风险要有一定的预判能力，掌握必备的拓展训练卫生保健知识，对于简单的突发问题能够第一时间做好应对措施；对于一些风险因素存在过多的拓展训练项目，具备一定的安全保护能力；对于教学比赛的组织管理能力；等等。

总结教学经验，提高自我能力。教学经验是拓展训练教学教师在从教过程中，经过长期的积累总结出的一些教学规律。教学经验对于刚入职的年轻拓展训练教学教师尤为重要，一些危险的发生往往是因为拓展训练教学教师教学经验不足，无法正确判断或处理。刚入职的年轻教师要多向前辈请教学习。社会的发展促进了教学内容、教育方法和教育组织形式的发展与改革，因此拓展训练教学教师也要不断提高自身的教学能力，积极参加在职培训。勤于思考和总结，在每次教学完成后要善于总结经验教训，形成自己的一套安全有效的教学风格。

依据学生身心发展规律，科学选择教学内容。拓展训练课程标准是拓展训练，拓展训练教学教师实施的依据，标准内对每一阶段的教学内容及学生应达到的水平都进行了详细的规定。

但是，课程标准是针对全国在校中小学学生设立的，其内容针对性不强。拓展训练教学教师在教学内容的选择上要在依据课程标准的基础上，开发校本课程，选择适合本地区本校学生的教学内容。这样不仅使得教学内容具有特色，学生能积极地参与到其中，而且能发扬当地民族传统项目使学校文化得以传承发展。

（二）中学拓展训练教学学生因素风险防范措施

认识拓展训练，激发学习兴趣。很多学生对拓展训练容易产生一种排斥心理，尤其是女生自尊心强、怕累、怕脏，锻炼积极性不高。对于身体素质较差的学生，就如同受到挫折一般，不愿去参加拓展训练活动，怕被其他学生嘲笑。处于青春期的学生，开始关注自己的外表，喜欢穿时尚潮流的衣物，对宽松的运动服装产生排斥。对于处于这一特殊阶段的学生，教师要积极的引导学生，在教学内容的设计上要丰富多彩。在教学内容的选择上要因材施教，对于学困生要积极的引导，提高他们的自我成就感。中学阶段是学生形成终身拓展训练思想的重要阶段，教师要扮演好学生的引路人角色，帮助学生正确拓展训练观念的养成。学生只有自身真正的热爱拓展训练运动，才能积极地参与到其中，且能根据自己的计划和目的进行正确的着装，防止不正确的着装引起安全事故的发生。

服从组织安排，积极参与拓展训练活动。一堂拓展训练课不仅只有教师的教还包括学生的学，师生之间的互动、交流与合作促进了拓展训练课堂的开展。在教学中，学生不服从组织安排时有发生，学生渴望自由活动，渴望进行他们喜欢的运动，正是这种内驱力造成学生组织纪律较差。在出现这种情况时，教师要及时安抚学生，切勿任由学生，长此以往，容易造成课堂纪律散漫等不良后果。教师在进行课堂设计时要考虑学生的身心发展状况，运用心理学知识了解学生的心理状态，抓住学生心理特征采用合理的教学方法，让学生能够积极地参与到拓展训练中。了解自身身体状况，学会调节与保护。中学是学生身心快速发展的高峰期，在这一阶段，教师要多开展自我反思活动，积极引导学生正确的应对自身的心理和生理变化。相对男生来说，女生在这一时期的发展变化相对较大，月经来潮是女生青春期的显著标志。当拓展训练课程的运动强度较大，并且女生处于生理期时，不适合进行强度较大的拓展训练活动。因此，女生要了解自身的生理状况，处于特殊时期时切不可因羞涩而不与教师进行沟通。处于这一时期，可以适当进行一些简单的、难度较小、趣味性较高的拓展训练活动，适当的拓展训练活动也可促进身体健康。教师要掌握一些简单的生理常识，对学生的特殊时期进行适当的照顾与帮助，安抚好学生的情绪。这一时期的学生，反抗心理较严重，学生应该了解自身的身体、心理状况，合理控制自己的情绪，切不可随心随性。了解拓展训练器材，学会正确使用。拓展训练器材是学生参与活动的基础，拓展训练器材分类众多，危险系数不一。在使用时教师要尽可能地将器材的正确使用方式教授给学生，让学生真正地了解器材，减少器材使用方面造成的风险。对于危险的器材，学生应在教师的指导下使用，严禁私自使用或攀爬。

（三）中学拓展训练教学场地环境因素风险防范措施

建设标准体育场地，配备安全体育器材。场地器材是学校体育顺利开展的物质保证，在建设体育场地时，切不可因小失大，贪图便宜，要选择健康材质。若选择的场地材质较差，不仅会造成环境污染，也会在无形中对教师和学生产生危害。在体育器材的选择上要与正规厂家合作，选取质量好，符合标准的器材。器材的配备数量也应充足，避免因器材短缺造成学生争抢而产生的危险。定期检查与维护场地器材。由于器材的使用率较高，因此对器材的管理与维护是必不可少的。在器材的安装时要严格按照使用说明进行装置，对于固定的体育设施要定期检查维护，注意器材的使用年限和保养维护方法。在课前要对使用的器材逐一排查，保证安全。对于不同材质的体育设施要分类放置，避免磨损。要形成严格的器材管理制度，定期对器材的安全性能进行测验，以减少危险事故的发生和不必要的器材损失。

针对环境因素，合理选择教材内容。体育与健康课不仅是简单的运动技能课，更是促进学生掌握卫生防病知识及青春保健知识的健康课。在教导学生如何掌握卫生保健知识时教师可采用室内教学的方法进行，在设计教学内容时，可将此类教学内容设计到天气较为恶劣的月份，再根据具体的情况实施。这样不仅减少了因气候原因造成的危险事件，也可提高学生的卫生保健知识。在进行室内教学的时候可以组织学生观看体育比赛，与学生讨论喜爱的体育明星，这样不仅丰富学生的体育文化生活，更促进了师生之间的感情。

（四）中学拓展训练教学学校管理因素风险防范措施

一是定期进行拓展训练教学评估，推动拓展训练教学工作。定期进行拓展训练教学评估是促进学校拓展训练教学工作顺利开展的重要举措，不仅能加强教师的教学水平，更能从思想上引起学生对体育的重视。定期对拓展训练教师的敬业精神及工作完成量进行评估，能促进拓展训练教师对教学工作激情，加强教师的责任心，减少因拓展训练教师因素而发生的风险。

二是定期进行体质监测，建立学生健康档案。学生的体质问题是社会关注的焦点，通过对烟台市学校的调查发现，烟台市学生的体质总体来说是上升的，但部分项目监测结果有所下降。通过定期对学生进行体质监测，建立学生健康档案可以帮助拓展训练教师更好地了解学生，从而减少风险的发生。定期的体质监测可以了解学生的身体状况，帮助学生了解自己，选择适合自己的体育运动，从自身出发提高身体素质。

三是加强教师队伍建设，提高教学质量。教师队伍建设包括教师队伍的数量、质量、结构和培养等方面的建设。目前许多学校存在拓展训练教师短缺现象，教师队伍不足，造成体育课开展的内容、项目等方面较差，不能满足学生的基本要求。学校在选择教师时，要选择教学经验丰富，技术质量过硬的优秀教师。教师要努力提升自己，只有具备一定的教学魅力才能得到学生的认可，使得学生能积极主动地参与体育课，同时也会更好地防止消极被动的学习带来的安全隐患。如若教师水平低，讲课枯燥，形式单一，学生很容易产生厌学的心理，课上也会做出一些与学习无关的事情，危险因素也会大大增加。

第四节　健全课程管理体系，完善训练制度保障

一、中学体育拓展训练课程管理体系构建

中学体育拓展训练课程管理体系框架的构建，是基于学校对课程管理内容和任务而定的，并通过需要建立科学、有效的运用机制，充分发挥相应的职能活动，才能保证管理目标的达成。

由于中学体育拓展训练课程涉及的面广、量大，管理活动十分复杂。因此，需要建立一个科学而有效的课程管理有机体系，该体系主要有六个子系统组成。

（一）中学体育拓展训练课程的决策系统

中学体育拓展训练课程的决策系统主要指体育部教学委员会。通常是在部主任的领导下，根据学校课程有关课程管理的政策和要求，分析学校体育发展的状况，并结合本校的实际，决定体育的培养目标，确定体育课程的设置，制定课程标准，审查重大的课程管理活动，为学校课程管理的重大决策提供咨询意见，对体育课程建设出谋划策。制定相应的管理制度，主要包括课程审议制度、教学管理条例、课程评价制度、教师教育制度、课程管理岗位职责及激励制度等。

（二）中学体育拓展训练课程的开发系统

中学体育拓展训练课程的开发系统主要是针对课程开发。课程的开发是以国家体育课程教学指导纲要为依据，以学校为基础的。教师是课程开发的主体，同时也需要学生的广泛参与。为了使课程的建设和发展得更好，应以广大教师为主体，并根据新课程改革的目标和要求，结合本校的培养目标和课程资源状况，了解学生多样化发展的需求，开发出具有本校特色的体育课程。

（三）中学体育拓展训练课程信息的收集系统

中学体育拓展训练课程信息的收集系统主要由指定的"信息员"组成，由课程管理办公室具体负责，与日常的教学管理活动结合起来进行，为课程评价提供客观的信息。"信息员"可以根据需要在教师和学生中指定，主要任务是收集来自各方面的课程与教学活动的客观信息，并及时反馈到管理办公室和评价组，以便作出有效地反馈控制和正确的评价。

（四）中学体育拓展训练课程的实施系统

中学体育拓展训练课程的实施系统主要有课程管理办公室、教研室等共同组成。通常是在部主任的指挥下，由课程管理办公室统筹安排，并组织各教研室分工实施。课程管理办公室贯彻学校的政策，在授权范围内对日常的教学活动进行组织、协调、控制；教研室在具体实施活动中，根据整体安排，制定好学年及学期教学进度计划、教学研究活动计划和学生活动计划；对教师教学活动进行指导，确保完成体育课程管理的各项要求；及时反映课程实施过程出现的问题及教师的教学需求；研究学生的实际情况，为课程管理提供依据；优化、整合课程目标，充分而有效地利用学校的资源（时间、空间、人力、财力），以便取得最优化的教学效果。

（五）中学体育拓展训练课程的评价系统

中学体育拓展训练课程的评价系统主要由一些教学经验丰富、责任心强的教师组成。体育部要根据课程管理目标确立评价准则，采用多种评价方式，对课程实施定期进行评价。课程评价以教师为主，主要任务是根据课程管理计划，对课程活动的输入、过程和结果进行定期的诊断和评价，找出与目标之间的差距，对决策和实施过程进行修改、校正，使课程系统最大限度地接近课程目标。

（六）中学体育拓展训练课程的条件保障系统

体育课程管理要有必需的设备与经费上的支持，课程实施离不开经费、设备等必要的条件，课程的有效实施必须最大地发挥经费、设备、教学资料等硬件的效益。因此，合理配置各种教学设备，为体育课程实施提供必要的物质保障；另一方面，体育部要从体育课程管理的实际需要出发，对课程活动的各个环节，制定出科学而又切实可行的各种管理制度和操作规程，使课程管理的各项工作和运作方式做到有章可循。需要强调的是，管理人员的素质直接影响课程管理体系的运行。体育部应加强管理人员的业务培训，提高其管理能力，确保课程管理系统的有效运作。

二、德育管理：训练制度保障之关键

本书基于学生全面发展的原则，探讨校园体育拓展训练的理论与实践，故此有必要将学生道德素养考虑在内，正所谓德智体美劳全面发展，德居首位，意义不言而喻。

随着社会的发展，经济体制的转型带来了对社会传统秩序的冲击。道德标准出现了多元化会道德对行为的约束开始下降。在中学教学中加强对学生的德育管理，显得尤为重要。德育教育不是某一个学科的教学任务，而在要贯穿整个学校的教学。

（一）培养集体意识

许多学生往往以自己为中心，无论做什么都不会考虑他人的感受，甚至有些学生在集体中完全不顾集体的荣誉和利益，自己的利益怎样最大化就怎样做，将他人和集体抛诸脑后。这样的学生过于特立独行，容易产生偏激的行为。因此，拓展训练教师要根据教学内容，多开展一些集体活动。例如，分成不同小组进行比赛，对比赛成绩好的小组给予奖品鼓励。让学生为了自己小组成绩，更加努力、拼搏。那些成绩较差的小组，让他们表演一个才艺，在丰富教学内容的同时也不断培养了学生的集体意识。

（二）培养奉献精神

有些中学生只会一味索取，不懂得去付出、去奉献。例如，在班级大扫除时，有的学生不会主动去干重活、累活、脏活。当一些学生愿意干这些活时，会被讽刺"活雷锋啊"。久而久之，那些愿意奉献自己、为大家服务的学生，也不会再甘愿付出。

拓展训练教师在体育课中要有意识地培养学生的奉献精神。例如，上课所需的器材，可以通过对学生先进行说服教育，提倡我为他人服务，他人也会为我服务,让大家积极主动帮助他人。在上课时,大家都争先恐后的帮忙搬器材。只有良好的德育教育,才能帮助中学生树立正确的人生观、世界观、价值观。

(三)赏识教育

中学阶段的学生都希望得到别人的认可和鼓励,拓展训练教师在体育教学中要对学生表现出的优良思想和行为习惯,作出充分的肯定和鼓励。对那些变现一般的是要多给他们创造一些机会,对他们多实用激励性的语言,并期待他们有一个出色的表现。

在体育教学中,对那些完成任务的学生,可以给他们一些奖励,如加分或者是可以提前做自己喜欢的运动项目。这样也是对未完成任务学生的一种激励和鞭策。此外,拓展训练教师多利用一些时间对学生进行指导,用自己的行为去感染学生,培养学生。

(四)榜样激励

榜样的力量是无穷大的。在体育教学中,拓展训练教师应充分利用优秀运动任务和优秀的师生,来熏陶学生的情感,激发他们不断进取,培养他们顽强和坚韧的意志。通过模范人物,培养学生优良的品质,养成良好的行为习惯,助力学生健康发展。

(五)场景教学

体育课的场地设置要有理有趣,能让学生主动参与,并能有一个不错的体验。例如,在拓展训练时,就可以利用现有的条件,将场地设置成小山和小河,让学生仿佛是在山、河之间穿梭,营造一个良好的氛围。培养学生积极的态度,勇于拼搏的精神。

总之,拓展训练教师要结合体育学科的特点,从学生的实际情况出发,多角度对学生进行思想教育和德育管理;不断提高自身的素养,以身作则,将德育管理无形之中融入学科教育。把握契机,积极对学生进行德育教育,帮助学生成长为一个德智体美劳全面发展的人。我国德育工作任重而道远,德育管理在其中必须发挥出其应有的作用,以推动促进学校德育工作的开展。

思考与展望

思考

体育学科是学校教育工作的构成内容之一，它在提升学生的身体素质、培养学生的审美能力等方面均发挥着不可忽视的作用。为了将体育学科的教学价值彰显出来，实际教学期间就要准确把握学科授课方法。

一、拓展训练目标定位

学科教学工作的有序化安排，应从确定拓展训练目标的视角开始分析。其一，学科拓展训练目标应符合中学生的阶段学习水平；其二，体育拓展训练目标应是身体素养和精神素养的同步拓展。为此，形成良好的拓展训练目标定位，在于合理地进行各项工作目标的协调化安排。

初中体育教师进行拓展训练部分目标安排时，可实行学科教学目标的多层化探索分析：①教师针对全班学生进行体能水平测试，了解群体授课的情况，在后续进行学科教学目标设定时，以此作为内容探究基础；②在初中篮球、排球、体操等多项运动课内基础要点训练教学后，也可通过课堂互动小游戏、体育竞赛等方式，从体能训练目标层面进行教学实践情况的拓展分析；③为了提升学生的体育学科素养，教师也通过适当理论学习引导、观看体育比赛等方式，辅助学生进行学科基础素养的积累。

结合体育学科的基本情况，教师合理地通过学科内知识引导拓展训练目标，多元化学科文化素养探究等方式，实现教学工作的科学性安排与协调化统筹规划，这种从实践探究的目标定位视角上，进行体育拓展训练的探索方式，是有效的初中体育教学中拓展训练手段。

二、拓展训练方法得当

初中体育学科教学中拓展训练教学环节的有序化安排，与学科教学中训练方法是否得当之间也有着不可分割的关系。为此，合理学科训练方法的安排能够起到事半功倍的教学效果。一方面，初中体育教学中进行拓展训练教学时，教师可通过多元化教学手段，达到丰富课堂的实践目的；另一方面，教师可以通过各类教学思路安排法，提升拓展训练方式优化搭配品质。

初中体育教学中拓展训练开展过程中，教师以学生阶段性学习情况为基础，开展由分解到集中再到分解的拓展训练互动方式，在这一交流过程中，学生不仅可以对体育运动学习内容有一个全面性的了解，还创建了一个相互"竞争"的团体交流环境，学生的课堂拓展训练有明确的目标引导，则后续学习中拓展训练工作开展时就不会出现模糊、混乱等问题了，是较有序的教学策略。

三、拓展训练周期规划

初中生在认知发展阶段上已经开始趋于成熟化转变，但自身依旧存在较强的依赖性和盲目性。教师为了确保初中体育教学中拓展训练达到预期效果，就应该结合学科教学内容形成周期性探索计划，而不是毫无目的地进行实践探究。

可以从拓展训练周期分析计划视角上进行问题探究：①以初中体育学科的教学目标为主导，将拓展训练分为课内知识拓展训练和延伸性体育拓展训练两个部分；②教师在开展体育教学工作时，也按照实际探究的具体需要，实行微观形态跳远、跑步、跳高运动等方面专业技巧的指导；同时还可从理论知识层面上相应地进行体育发展历史、体育竞技文化等方面的训练。

结合初中体育教学中拓展训练的实际情况，科学进行拓展训练周期计划的把握，不仅可以实现教师教学任务的顺利完成，还可以帮助学生寻求到更可靠、更协调的体育学科知识学习探索的思路，创建与学生发展相适应的学习策略。

四、师资力量不断提升

初中体育教学中拓展训练工作的有序化实施也与教师自身的专业素养有

着不可分割的关联。若教师能力较好，在体育学科各个方面的拓展把握都较好，则实际教学工作安排得灵活性就比较高；反之，教师就很难按照预期目标进行拓展训练授课。为此，教师一方面可通过自主反思和总结教学工作的方式，不断地进行拓展训练教学工作的完善；另一方面也可以通过专业知识学习等手段，提升自己的教学素养。

结合学科教学的基本情况，合理地进行教学内容的安排与讨论，不仅可以及时解决具体工作中的问题，也可以潜移默化地提升自己的能力，这是后续教学策略得以有序化为课堂教学工作服务的保障，它具有指导与长效性实践的社会实践价值。

综上所述，初中体育教学中拓展训练的思考，是教学方法深入性探究的理论归纳。在此基础上，本文通过拓展训练目标定位、拓展训练方法得当、拓展训练周期规划、师资力量不断提升，把握初中阶段拓展训练工作。因此，将为教学战略拓展提供新思路。

启示

一、科学、合理开展拓展训练活动

现阶段多数中学尚未开展拓展训练课，中学老师在训练方式和训练内容上都是缺乏拓展训练经验的。因此，中学在对学生开展体育拓展训练时，应综合考虑多方面的条件，如训练内容设计、训练师资分配、硬件要求等，围绕中学体育课程教学的目标，合理制定拓展训练活动，以确保拓展训练健康有效的开展。同时，老师还可以充分利用学校周边的公共资源，这也是开展拓展训练的方法。

在中学体育中开展拓展训练课，是对学生基本素质培训和学生综合素质的训练。通过基本素质训练，学生可以不断挑战自我与自身极限，能力得到加强。在团队协作精神上也得到了锻炼。而综合素质训练，是为了培养学生团队精神和人际交往能力，以及学生的协调与沟通能力，是对他们自身素质的锻炼。根据拓展训练课的目的，拓展训练活动的开展不仅要有身体素质的训练，如力量、速度、柔韧等，还应融入心理素质的训练，如自我情绪控制、合作精神、自信心、竞争力等。

二、多元化教学，实现学生综合发展

在教学活动中，老师应注重学生全面发展，如学生身体素质方面的发展，学生运动能力方面的发展、学生心理素质的发展以及个人思想感情的发展。拓展训练不仅培养学生的身体素质，更强化了学生坚定的意志力和自我认知的态度，多元化教学，全面发展学生的综合素质。

首先，在中学体育教学中，变说教为实践，将体育单一技能培养变为多方位的培养，让学生在拓展训练过程中自我挑战，体验体育运动给他们带来的乐趣，调动学生体育锻炼的积极性，培养学生的综合能力。

其次，根据拓展训练的理念，发挥学生的自主学习能力。老师要学会创新教学方法，改变学生的思维模式，让学生在自由的氛围中学习体育知识，让学生自主发现问题并自主解决，推动理论与实践的结合。

三、教学模式的创新

在中学拓展训练中，教师需要根据实际教学情况，积极创新、灵活利用教学模式，给学生一个自由的学习氛围和锻炼空间，从而培养学生的自学能力，增强学生自觉参与体育锻炼的意识，提高学生身体素质和体育素养。中学体育拓展训练教学实践中可运用的教学模式有多种，其中小组模式、分层次教学和自由授课是较为流行的模式。小组模式教育，即学生人数有所限制的教学组织方式。当减少一定的学生人数后，则可加强教师与学生的联系，有利于促进教学内容与方法的改革，有利于促进教学效果的提高以及学生个性化发展；分层次教学，即根据学生知识、能力等因素，将学生合理地分为不同小组，运用不同教学策略进行教学。通过分层教学，可让各层次的学生都有所收获，从而保持学生学习兴趣。在实施分层教学时，教师需要注意目标分层、备课授课分层、训练辅导分层、评价分层；自由氛围授课，即让学生根据自己的兴趣爱好，恰当地自选课程与教师，以促进学生自主学习的组织形式。

四、综合评价，增强学生学习信心

在教学过程中，评价也是不可或缺的环节，是实现学生自我反思的重要途径。在拓展训练过程中，教师应实施综合多元化的评价方式，对传统体育教学的评价方式进行改进。如可由横向评价转为纵向评价。通过纵向对比学生前后学习效果，突显学生自身的进步，增强学生信心；引导学生自评。通过学生自评，让学生发现自己的优缺点，及时改进不足。在传统教学中，评价方式过于单一与片面，往往侧重学习效果，没有包含学生的参与态度、心理发展与社会适应状况等要素。因此，在现代体育教学中，教师需要进行综合评价，既包括学生知识技能与身体发展，也涉及了学生心理发展、运动参与、社会适应等要素的评价。

总而言之，拓展训练有助于使学生在挑战这些项目中发挥自己的最大潜能，从而磨炼他们的意志品质，不断强化他们的团队协作精神。基于全面培养学生的综合素质以及拓展训练的强大功效，所以现代的中学体育教学中可以把拓展训练作为一项锻炼学生的新课程，以促进学生全面发展。

参考文献

[1] 史建国. 体育教学融入拓展训练的路径探析 [J]. 成才之路, 2020 (18): 109–110.

[2] 陈小霞. 浅谈新时代学生的全面发展 [J]. 才智, 2020 (17): 125.

[3] 林加秋. 拓展训练融入初中体育教学问题的思考 [J]. 当代体育科技, 2020, 10 (16): 84–85.

[4] 徐嘉, 朱会军. 学生体育核心素养的形成与培养 [J]. 当代体育科技, 2020, 10 (15): 120–121.

[5] 范莉莉, 陶士俭, 陈宁. 拓展游戏在高中体育课堂教学中的开发与应用 [J]. 青少年体育, 2020 (05): 71–72.

[6] 张华楠. 素质拓展训练在中学体育教学中的应用探讨 [J]. 才智, 2020 (13): 77.

[7] 王轩武. 拓展训练引入体育课堂教学的研究 [J]. 成才之路, 2020 (12): 55–56.

[8] 严鑫. 拓展训练在初中体育教学中的应用 [J]. 基础教育论坛, 2020 (12): 70–71.

[9] 王锦峰. 中学体育教学中引入拓展训练的价值研究 [J]. 课程教育研究, 2020 (15): 228.

[10] 王梓璞. 素质拓展训练在体育教学改革中的有效应用 [J]. 体育科技文献通报, 2020, 28 (04): 99–101.

[11] 张天柱. 浅议拓展训练在初中体育教学中的运用 [J]. 科技资讯, 2020, 18 (10): 105–106.

[12] 刘亚静. 体育拓展训练引入高校体育教学的研究综述 [J]. 田径, 2020 (04): 32–33.

[13] 冷屹, 栾世超, 李明. 拓展训练在体育训练当中的应用分析 [J]. 当代体育科技, 2020, 10 (07): 53, 56.

[14] 黄雯.职业院校体育拓展训练与养生文化的有机结合[J].体育世界（学术版），2020（02）：182，180.

[15] 马红荣.浅谈通过体育教学促进学生全面发展[J].学周刊，2020（01）：156.

[16] 王玉萍.初中体育教学中拓展训练的应用分析[J].课程教育研究，2019（49）：213.

[17] 林智明.拓展训练在高校体育教学中的实践应用[J].当代体育科技，2019，9（34）：150–151.

[18] 王晓东.浅谈初中体育教学对学生全面发展的意义[C].中国智慧工程研究会智能学习与创新研究工作委员会.2019年教育信息化与教育技术创新学术论坛年会论文集．中国智慧工程研究会智能学习与创新研究工作委员会：重庆市鼎耘文化传播有限公司，2019:373–375.

[19] 李小伟.新时代体育与健康课程如何促进学生全面发展[J].中国学校体育，2019（11）：23–24.

[20] 关耀明.拓展训练在高中体育教学中的应用分析[J].中国农村教育，2019（30）：56.

[21] 黄树柏.素质拓展训练在小学体育教学中的融入[J].当代教研论丛，2019（10）：115.

[22] 王国辉.体育教学中适当开展拓展训练的思考[J].当代体育科技，2019，9（28）：122–123.

[23] 秦钰.浅议体育促进学生健康全面的发展[J].中国农村教育，2019（27）：36–37.

[24] 张明贤.关于在初中体育教学中提升学生抗挫能力的研究[J].教书育人，2019（25）：33.

[25] 徐大林.基于学生全面发展的体育教学方式理论与实践研究[J].当代体育科技，2019，9（24）：149–150.

[26] 石承贵.关于加强中职体育拓展训练的思考[J].科学咨询（科技·管理），2019（07）：186–187.

[27] 朱四征.初中体育教学中引入拓展训练的尝试与教学指导研究[J].才智，2019（16）：134.

[28] 叶国金.提高农村高中生体育训练积极性刍论[J].成才之路，2019（14）：67.

[29] 李强.体育课程开设拓展运动项目之我见[J].现代制造技术与装备，2019（05）：209–210.

[30] 傅仰军. 拓展训练在初中体育教学中的应用分析 [J]. 当代教研论丛, 2019 (04): 124.

[31] 杨乔. 加强体育与美育融合 促进学生全面发展 [J]. 基础教育参考, 2019 (07): 76-77.

[32] 强化课程建设 促进学生全面发展 [J]. 辽宁教育, 2019 (06): 34-36.

[33] 孙军. 我国体育拓展训练发展研究综述及趋势展望 [J]. 体育世界（学术版）, 2019 (01): 65-66.

[34] 周燕. 构建体育兴趣化课堂 促进学生全面发展 [J]. 中国学校体育, 2019 (02): 31-32.

[35] 张国栋. 开设体育拓展训练的构想 [J]. 西部皮革, 2019, 41 (02): 49.

[36] 张华东. 体育拓展训练的应用分析 [J]. 西部皮革, 2018, 40 (24): 80.

[37] 崔志杰. 我国体育拓展训练研究综述 [J]. 西部皮革, 2018, 40 (24): 91.

[38] 刘巍. 基于核心素养培养的高职体育拓展训练策略 [J]. 山东商业职业技术学院学报, 2018, 18 (06): 57-60.

[39] 申琼, 张玉超. 体育拓展训练对青少年核心素养培养的价值探析 [J]. 青少年体育, 2018 (11): 32-33.

[40] 林伟. 体育拓展训练促进农村中学生心理健康效应研究 [J]. 运动, 2018 (20): 124-125, 113.

[41] 赵玉涵, 娄玮倩, 于文珺. 浅谈学校体育与学生身心健康全面发展 [J]. 农家参谋, 2018 (18): 168.

[42] 郑明霞. 拓展训练在初中体育教学中的运用研究 [J]. 南昌教育学院学报, 2018, 33 (03): 32-34.

[43] 刘俊. 促进学生体育核心素养发展的教学改革与实践研究 [J]. 运动, 2018 (12): 116-117.

[44] 朱杰. 拓展训练融入初中体育教学的有效途径 [J]. 田径, 2018 (04): 5-6.

[45] 李腊梅. 素质拓展训练在高职体育教学中的应用分析与探讨 [J]. 体育世界（学术版）, 2018 (03): 158, 160.

[46] 周新波. 运用体育拓展训练激活初中体育课堂 [J]. 中学课程资源, 2017 (12): 18-19.

[47] 孙成松. 初中体育教学创新设计探微 [J]. 教育实践与研究 (B), 2017 (12): 43-44.

[48] 卢希升. 拓展训练在高中体育教学中的应用研究 [J]. 体育世界 (学术版), 2018 (01): 134–135.

[49] 王治勇. 素质拓展训练在中学体育教学中的应用 [J]. 运动, 2017 (19): 119–120.

[50] 叶梅. 中学体育拓展训练的重要性 [J]. 课程教育研究, 2017 (34): 197.

[51] 陈湘, 陈平. 校园体育拓展训练中对学生合作意识的培养研究 [J]. 当代体育科技, 2017, 7 (13): 39–40.

[52] 黄忠煜. 在中职院校开展体育拓展训练的可行性浅析 [J]. 教育现代化, 2016, 3 (40): 332–333+342.

[53] 石军. 加大中小学户外教育力度，促进学生全面发展 [J]. 教育科学论坛, 2016 (23): 1.

[54] 胡志全. 体育教学中拓展训练对培养中学生团队协作能力的应用研究 [J]. 运动, 2016 (21): 75–76.

[55] 徐敬争. 拓展训练在体育教学中的应用研究 [J]. 课程教育研究, 2016 (31): 213.

[56] 程锡森. 体育拓展教学模式在体育教学改革中的应用 [J]. 才智, 2016 (22): 90.

[57] 冷金基. 初中体育教学中实施拓展训练的思考 [J]. 青少年体育, 2015 (06): 91–92.

[58] 黄华林. 中职院校体育开展拓展训练课程教学研究 [J]. 科技展望, 2015, 25 (17): 210.

[59] 金莲淑. 浅谈体育拓展训练活动 [J]. 现代教育科学, 2014 (12): 176.

[60] 俞龙. 拓展训练在初中体育教学中的应用思考 [C]. 中国教育发展战略学会教育教学创新专业委员会.2020 全国教育教学创新与发展高端论坛会议论文集（卷三）.中国教育发展战略学会教育教学创新专业委员会：中国教育发展战略学会教育教学创新专业委员会, 2020: 75–76.

[61] 徐辉. 拓展训练对大学生身体健康促进的研究 [J]. 才智, 2014 (09): 355.

[62] 朱爱明. 中职体育中的素质拓展训练 [J]. 体育世界 (下旬刊), 2013 (11): 82–83.

[63] 刘西晓. 论体育拓展训练对企业管理者执行力的促进作用 [J]. 赤峰学院学报（自然科学版）, 2013, 29 (21): 96–97.

[64] 朱峥嵘, 安立国. 构建素质拓展体系 促进学生全面发展——兼述襄阳职业技术学院素质拓展的主要做法 [J]. 科协论坛 (下半月), 2013 (03): 183–184.

[65] 陈新蕊. 体育拓展训练对企业管理执行能力的影响 [J]. 人力资源管理, 2013 (02): 41–43.

[66] 严振宇. 中职校园体育文化建设中拓展训练的优势与应用 [J]. 体育世界（下旬刊），2013 (01)：68–69.

[67] 冯建. 浅谈学校体育拓展训练课的新型师生关系 [J]. 民营科技, 2012 (12)：139.

[68] 刘志勇. 我国学校体育拓展训练教学模式文献综述 [J]. 福建江夏学院学报，2012, 2 (03)：111–114.

[69] 赵修根. 学校体育拓展训练研究现状与展望 [J]. 科技资讯, 2012 (13)：193.

[70] 蒋小琴, 祝红军. 拓展训练对中专学生心理的影响 [J]. 中国学校体育, 2011 (S1)：135–136.

[71] 袁斌. 体育拓展训练引入课外体育活动刍议 [J]. 教学与管理, 2011 (27)：157–158.

[72] 常会丽. 在课外活动中实施学校体育拓展训练的调查研究 [J]. 体育世界（学术版），2011 (01)：107–108.

[73] 曾伟兰, 曾桓辉. 论拓展训练在中职校园体育文化建设中的意义 [J]. 湖北体育科技, 2011, 30 (01)：94–95.

[74] 翟俊辉. 拓展训练与学校体育的融合 [J]. 长春教育学院学报, 2010, 26 (06)：84–86.

[75] 常会丽. 谨防课外体育活动流于形式——学校体育拓展训练引入课外活动之我见 [J]. 科技信息, 2010 (30)：42, 44.